Barbara Stühlmeyer
LEBENDIGES LICHT

Barbara Stühlmeyer

Lebendiges Licht

Die Engel
als Wegweiser zum Sinn
in der Schau
Hildegards von Bingen

Verlagsbuchhandlung
Sabat

1. Auflage 2021
ISBN 978-3-943506-93-8

© 2021 Verlagsbuchhandlung Sabat UG, Kulmbach

Printed in the European Community
Covergestaltung: VBS-Verlagsservice
Gestaltung und Buchsatz: VBS-Verlagsservice
Titelbild: Kunstdruck von Ute Van der Mâer, 2021

Alle Rechte der Verbreitung, auch die des auszugsweisen Nachdrucks, der fotomechanischen Wiedergabe und der Verwertung durch Datenbanken oder ähnliche Einrichtungen vorbehalten.

Bibliografische Information der Deutschen Nationalbibliothek:
Die Deutsche Nationalbibliothek verzeichnet diese Publikation in der Deutschen Nationalbibliografie; detaillierte bibliografische Daten sind im Internet über <http://dnb.d-nb.de> abrufbar.

Verlagsbuchhandlung Sabat
Blaicher Str. 49 • 95326 Kulmbach
Tel.: 0 92 21 / 4 07 84 16
E-Mail: info@vb-sabat.de
www.vb-sabat.de

Inhaltsverzeichnis

Vorwort 9
Engel? Wirklich? Ein etwas anderes Vorwort 15

WARUM HILDEGARD ODER: LEBENSHILFE AUS DEM MITTELALTER .. 23
Vom Licht, vom Lieben und vom Loben 29
Sich in das Geheimnis einschwingen 33
Der nahbare Gott 38
Hilfe und Wegweisung 42
Die immer neue Entscheidung 44
Die unbekannte Sprache und die Engel 46

ENGEL, MENSCHEN UND DAS NETZWERK DES LEBENS 51
Spürbare Gotteserfahrung 54
Die Anziehungskraft des reinen Lebens 59
In Verbindung bleiben 62
Abwege, Konsequenzen und der Umkehrruf der Liebe ... 65
Das Ganze im Blick haben 69

»OHNE ENGEL WÄRE DIE WELT KOPFLOS«
EIN STREIFZUG DURCH DIE GESCHICHTE DER ANGELOLOGIE 73

Wenn ihr nicht werdet wie die Engel, kommt ihr nicht in das Himmelreich 76

Die Chöre der Engel und der eingefrorene Satan 79

Die Entzauberung der Theologie: Engel in Reformationszeit und Aufklärung 81

Der Endkampf der Engel 83

Diplomatie auf höchster Ebene 85

Die Aufklärung, das leere Weltall und die Sehnsucht nach Licht 88

Lichtspuren und Irrwege 93

»FÜRCHTE DICH NICHT«
HILDEGARD UND DIE ENGEL IN DER HEILIGEN SCHRIFT 97

Spurensuche 99

Ein engelgleiches Paar 105

»WILLST DU, DASS DIE ENGEL SICH GERN BEI DIR AUFHALTEN, SO SEI EIFRIG IM GEBETE UND DIENSTE GOTTES«
DIE HEILIGEN UND DIE ENGEL 109

Vor den Engeln singen und spielen 112

Diplomaten in Gottes Dienst 119
Wegweiser für Berufene 122
Nicht ohne meinen Engel 125
Türöffner zur geistigen Welt 128

LICHTE LEBENSHILFE
HILDEGARDS ORDO-VIRTUTUM NEU ENTDECKT 133

Ansprechend, wegweisend 138
Der Aufstieg ins Licht 144
Spiegel mit dem Fokus auf das Wesentliche 148
Wissen, wo die Quelle ist 152
Das eigene Leben ins Spiel bringen 156
Wege in Sein Licht 161
*Gemeinsam den Aufbruch wagen und das Ziel
   nicht aus dem Blick verlirn* 166
*Stimmbildung? Himmlisch!
   Der zehnte Chor als Perspektive ewigen Lebens* 172
*Hört der Engel helle Lieder – ein kleiner Überblick
   über die Geschichte des Zehnten Chores* 178

Literatur 183

Vorwort

Engel sind Teil einer anderen Wirklichkeit. Jener, die unsichtbar, aber deshalb nicht weniger real ist. Dennoch ist sie, weil die meisten Menschen sie nicht mit den Augen wahrnehmen können, in vielen Bereichen aus dem Bewusstsein geschwunden. Unser Zeitalter ist in die gefährliche Versuchung geraten, als unwirklich zu bezeichnen, was nicht durch die Naturwissenschaften auf horizontaler Ebene beweisbar ist.

Wenn man in der Verkündigung der Kirche nach ihren Spuren sucht, scheint es gar, dass die Engel schon bald auf der Liste der vom Aussterben bedrohten Arten stehen könnten, so selten werden sie erwähnt. Man spürt in diesem Zusammenhang eine gewisse Scheu. Dieselbe, aus der heraus auch der Satan kaum mehr zur Sprache kommt. Da es keine naturwissenschaftlichen Beweise für die Existenz der Engel gibt, zweifelt man an ihr und greift zum Rotstift, um die Engel aus dem Realitätenkatalog zu streichen.

In dieser Infragestellung bzw. Ablehnung der Wirklichkeit der Engel, wozu sicher auch gelegentlich die Verniedlichung in der volkstümlichen Engeldarstellung beigetragen hat, offenbart sich eine kurzsichtige Wissenschaftsgläubigkeit. Denn nur ein Tor wird behaupten, die gesamte Wirklichkeit bestehe aus dem, was die Naturwissenschaften beweisen. Die Wirklichkeit ist unendlich größer als unser menschliches Denken und Forschen je zu erkennen vermögen. Je mehr wir die Dinge zu ergründen suchen, desto deutlicher wird uns, wie klein unser Horizont ist und wie zahlreich und gewaltig die Geheimnisse und Rätsel »zwischen Himmel und Erde« sind.

Aber so groß die Skepsis wissenschaftsgläubiger Menschen auch sein mag, die Sehnsucht nach Engeln ist nicht weniger groß. Bücher, in denen von der Erfahrung mit ihnen berichtet wird, werden schnell zu Bestsellern. Ob sie immer Informationen bieten, die auch als Wegweiser zu einem gelingenden Leben dienen können, ist eine andere Frage.

Doch wo soll man suchen, wenn man verlässliche Auskünfte darüber finden möchte, ob es sie gibt, die Engel, wer oder was sie sind und welche Funktion sie im Leben der Menschen, im Werk der Schöpfung ausüben?

Neben der Heiligen Schrift, in der Engel immer wieder an Wendepunkten des Lebens eine entscheidende Rolle spielen, bietet sich Hildegard von Bingen als Mediatorin an. Sie, die Erfahrung im Umgang mit Engeln hat, theologisch hochgebildet und mit der mystischen Schau begabt ist, vermittelt jene Mischung aus persönlichem Erleben, intellektueller Reflektion und von Gott geschenkter Einsicht, die uns heute weiterhelfen kann, wenn wir neu lernen wollen, Engel als Boten Gottes und helfende Kräfte in unserem Leben wahrzunehmen. Ja, sie ist als Kirchenlehrerin und visionär begabte Frau geradezu prädestiniert, uns die Kommunikation mit der himmlischen Wirklichkeit neu zu erschließen.

Die Autorin dieses Buches beschäftigt sich seit Mitte der 1980er-Jahre intensiv mit Hildegard von Bingen. Sie ist Musikwissenschaftlerin und Theologin. Deshalb erschließt sich ihr jener Zusammenhang in besonderer Intensität, der für das Nachdenken über die Engel erhellend ist: das sich im Lobpreis verwirklichende und das leuchtende Sein dieser himmlischen Wesen.

Bei Hildegard spielen genau jene beiden Aspekte eine wichtige Rolle.

Zum einen thematisiert sie immer wieder die Kernaufgabe der Engel, das Gotteslob. Es ist zutiefst mit dem letzten Sinn des menschlichen Lebens verknüpft. Denn im Lob Gottes verwirklicht der Mensch sich selbst und kommt seiner himmlischen Heimat nahe, seiner Berufung, Teil jenes »zehnten Chores« zu werden, der nach dem Fall des lichten Engels, Luzifer, und seiner Anhänger darauf wartet, mit neuen Sängern wieder in vollem Klang in das Gotteslob einstimmen zu können.

Zum anderen beschreibt Hildegard von Bingen in ihrem geistlichen Singspiel *Ordo Virtutum* Engel, die Kräfte genannt werden, als jene lichte Motivatoren, die der suchenden Seele dabei helfen, den Weg zurück in die Arme des liebenden Vaters zu finden. Sie stimmen zugleich als ein eigener Chor in den himmlischen Lobpreis ein.

Und es kommt ein Weiteres hinzu, das in diesem Buch tiefer entfaltet wird:

Hildegard sieht Engel und Menschen, da beide von Gott geschaffen sind, als Geschwister. Die Seherin erläutert dies anhand des Gleichnisses vom barmherzigen Vater, dessen zwei Söhne in ihrer Deutung Menschen und Engel symbolisieren. Diese Auslegung ist erhellend, denn sie zeigt auf, dass es hier um ein wirkliches Miteinander wesensverwandter Geschöpfe geht, die zwar in verschiedenen Welten zuhause sind und doch am wirksamsten miteinander im Auftrag Gottes an der Gestaltung der Schöpfung bis zur Vollendung mitarbeiten können. Den

Engeln kommt dabei aufgrund ihrer Nähe zu Gott eine im Wortsinne erleuchtende Aufgabe zu.

Engel und Menschen sind Gefährten. Ihr Miteinander macht Sinn. Über einen Gefährten, mit dem man einen entscheidenden Weg, den eigenen Lebensweg teilt, sollte man so viel wie möglich in Erfahrung bringen.

Deshalb gibt dieses Buch neben dem Einblick in die Engellehre Hildegards auch einen Überblick über die Geschichte der Angelologie. Es bietet Erklärungsmodelle dafür an, warum die Engel nach und nach aus der Mitte des theologischen Denkens an dessen Rand gedrängt wurden. Es zeigt die Engel-Trends der letzten Jahrzehnte ebenso auf wie deren mitunter enge Verbindung zur Esoterik. Es folgt den Spuren der Engel in der Heiligen Schrift. Es erzählt die Geschichte von Heiligen, die eine enge Beziehung zu Engeln pflegten, und es endet mit einem Kapitel über den »zehnten Chor«, der die Geschichte der Engel und das Leben der Menschen teleologisch in Perspektive setzt.

Dieses Buch möchte zur Wahrnehmung, ja zur innigen Verehrung der Engel einladen. Denn »je mehr eine Zeit die Farbe des Abgrunds annimmt und Wesen und Kräften den Raum des Handelns gewährt, die das entsetzliche Siegel der Zerstörung tragen, umso gewisser ist es, dass die Stunde der Engel gekommen ist und die Heerschar des Feindes allein aus der Höhe überwältigt werden kann. Es ist die dringendste Aufgabe eines angefochtenen Geschlechts, die Engel herabzuflehen, sich mit ihnen auf das Innigste zu verbinden und damit die himmlische Heerschar auf eine ganz neue Art mit der Erde zu verbünden ... Das Geschlecht, das von der Macht der Engel weiß und sich ihnen anbefiehlt, kann nicht verloren gehen« (Reinhold Schneider).

Am Fest der heiligen Erzengel
Michael, Gabriel und Raphael 2020

+ Karl Braun

Erzbischof em. von Bamberg

Engel? Wirklich?
Ein etwas anderes Vorwort

Durch die Corona-Pandemie hat sich die Welt, so wie wir sie bisher kannten, tiefgreifend verändert. Bewegungsfreiheit, Fernreisen, all dies war selbstverständlicher Bestandteil des Alltags. Für viele war es deshalb eine enorme Herausforderung, als sie durch den Lockdown, die Ausgangsbeschränkungen von heute auf morgen gewissermaßen auf sich selbst zurückgeworfen wurden. Doch Krisen bieten immer auch Chancen. Sie laden dazu ein, den Blick zu fokussieren und in der Enge eine neue Weite zu entdecken. Dabei kann auch die geistige Wirklichkeit in neuer Weise offenbar werden. Dieses Buch möchte ein Wegweiser in genau diese Wirklichkeit sein.

Stellen Sie sich vor, sie würden eine Karte zeichnen, in der alles Platz findet, was in Ihrem Leben wichtig ist. Ganz egal, ob es sich dabei um Menschen handelt, die Sie lieben, denen Sie sich verbunden fühlen, Ihren Beruf, dem Sie mit viel Engagement nachgehen, einen Ort, zu dem es Sie immer wieder hinzieht, ein Buch, ein Film oder eine Melodie: Alles, was zählt, würde auf dieser Landkarte Ihres Lebens erscheinen.

Wenn Sie nach einer Weile fertig wären und alles Wichtige ins Bild gesetzt hätten, würde dort dann auch ein Engel zu sehen sein? Und wenn ja, wo wäre er abgebildet? Würde er irgendwo in der Mitte stehen, eher am Rand oder würden mehrere Engel an verschiedenen Stellen aufscheinen? Wäre ein solcher Engel in kräftigen Farben oder in zarten Strichen gezeichnet? Hätte er einen Namen, hätte seine Stimme einen Klang, den Sie wiedererkennen? Gäbe es Situationen, die Ihnen unwillkürlich in den Sinn kämen, wenn Sie an diesen Engel denken? Viele Fragen und Antworten, die nur Sie allein geben können. Denn es geht dabei um Erfahrung. Oder zumindest um die Sehnsucht danach.

Wenn man heute Engel ins Gespräch bringt, sind es zwei Reaktionen, die fast immer sofort zu spüren sind: vorsichtige Distanz und sehnsuchtsvolle Nähe. Einen Engel wahrzunehmen ist eine besondere Erfahrung. Und keineswegs immer eine, die man mit jenen niedlichen, bisweilen süßlichen Bildern oder Figuren beschreiben kann, die in den Regalen von Buchläden zu finden sind. Wenn Rainer Maria Rilke sagt: »Jeder Engel ist schrecklich«, drückt er damit das Erleben aus, einem Wesen begegnet zu sein, dessen machtvolle Erscheinung seine Alltagserfahrung weit überstieg. Aber das Echo, das Rilkes Begegnung mit dem Engel in den *Duineser Elegien* findet, ist nur eine von vielen Möglichkeiten. Manch einer spürt eine lichte Gegenwart, sanft wie ein Hauch, ein anderer ein handfestes Eingreifen, dessen kurzzeitig deutlich sichtbare und höchst irdisch wirkende Quelle ganz plötzlich verschwunden ist. Bei anderen wiederum ist die Präsenz, die sie wahrnehmen, so durchscheinend fein und leise, dass sie sich nicht sicher sind, ob man sie Engel nennen kann. Man will sich ja schließlich nicht aufspielen oder für verrückt gehalten werden.

Damit wären wir an einem für unsere Zeit wichtigen Punkt. Die Sehnsucht nach Engeln ist stark, ebenso wie die Skepsis gegenüber allem, was mit wissenschaftlichen Mitteln nicht nachgewiesen werden kann. Tatsächlich aber sind beide Ebenen, die Wahrnehmungsfähigkeit unserer Sinne – und dabei sind die geistlichen Sinne ebenso gemeint wie die körperlichen – und die intellektuelle Reflektion, wichtig, die in unserem wissenschaftsorientierten Zeitalter eine so große Rolle spielt. Sie bilden keine unvereinbaren Gegensätze, sie sind vielmehr notwendige Pole, zwischen denen sich ein gelingendes Leben entfalten kann. Man muss den Verstand nicht ausschalten, wenn man einer Wahrnehmung traut, die die Grenzen der für gewöhnlich sichtbaren Wirklichkeit übersteigt. Tatsächlich zeigt gerade die Arbeit von Wissenschaftlern, die Außerordentliches entdecken oder leisten, dass sie der Intuition Raum geben und offen sind für die geistige Welt.

Dabei ist es von höchster Wichtigkeit, die Balance zu halten und weder der Gefahr des Spiritualismus zu erliegen noch in der Spur materialistischen Denkens die geistige Wirklichkeit auszublenden. Beide Pendelausschläge haben in den vergangenen Jahrzehnten ihre Spuren hinterlassen. Romano Guardini warnte im Blick auf einen immer noch präsenten gnostischen Spiritualismus in seinem wegweisenden Buch *Der Herr*: »Die ganze Neuzeit ist vom Trug des Geistigen erfüllt.« Für die Wahrnehmung der Engel ist dies nicht wegweisend. Denn wer in jedem Baum und Strauch »spirits« vermutet, wird die Engel, jene »dienenden Geister, die ausgesandt sind, um denen zu helfen, die das Heil erben sollen« (Hebr 1, 14), ebenso verfehlen wie derjenige, der überzeugt ist, dass es jenseits der greifbaren Wirklichkeit nichts gibt.

Aber wo kann man lernen, welchen Wahrnehmungen man trauen kann und welche eher mit Skepsis zu betrachten sind? Wer erklärt, was Engel sind, wie sie leben, wie man sie wahrnehmen, mit ihnen umgehen kann?

Eine verlässliche Quelle, wenn man nach einer gelungenen Verbindung von ausgeprägten geistlichen Sinnen, intuitiver Wahrnehmung und intellektueller Reflektion sucht, ist die Benediktineräbtissin Hildegard von Bingen. Es ist kein Zufall, dass Papst em. Benedikt XVI. sie zur Kirchenlehrerin ernannt hat. Denn bei ihr findet man vieles von dem, was uns heute nottut. Wir haben es in den vergangenen Jahrzehnten in einigen Bereichen, auch in der Theologie, mit der distanzierten Reflektion übertrieben. Aber wem die Praxis fehlt, dem ist es am Ende nicht mehr möglich, zielorientiert nachzudenken. Wozu das führt, kann man in universitären Disziplinen wie der Archäologie oder der Musikwissenschaft lernen. Auch in ihnen galt jahrzehntelang der Primat des Intellekts. Wer als Archäologe heimlich in seinem Hobbykeller mittelalterliche Langbogen nachgebastelt hat, wurde belächelt. Und wer in der Musikwissenschaft eine Komposition nicht nur analysieren, sondern auch singen und spielen konnte, stand unter dem Verdacht, es mit der Theorie nicht allzu genau zu nehmen. Heute aber ist experimentelle Archäologie ein existentieller Bestandteil des Faches und in der Musikwissenschaft ist es selbstverständlich geworden, neben theoretischen auch künstlerische Fertigkeiten in die Forschungsarbeit einzubringen. Höchste Zeit also, es auch in der Theologie wieder einmal mit der

Praxis zu versuchen. Denn wer die Wahrheit tut, kommt zum Licht (Joh 3, 21).

Gebet, ein geistliches Leben und Ritenkompetenz sind keine Nachteile, wenn man über theologische Fragestellungen nachdenkt und Phänomene reflektiert, die in der Lehre von Gott ihr natürliches Zuhause haben.

Das gilt auch, vielleicht sogar besonders für das Thema Engel.

Deshalb ist dieses Engelbuch anders als viele auf dem reichhaltigen Büchermarkt zu findende Angebote.

Es setzt voraus, dass es Engel gibt, dass man ihre Gegenwart und ihr Wirken wahrnehmen kann.

Es vermittelt einen Überblick über das, was in der Geschichte der Kirche über Engel gedacht worden ist.

Es zeigt auf, inwiefern diese theologischen Gedanken von praktischer Relevanz für das geistliche, aber auch für das alltägliche Leben sind.

Und es bietet durch die hier und da eingestreuten Gedichte Torwege an, die dazu verlocken möchten, die geistlichen und körperlichen Sinne für die Erfahrung der Gegenwart von Engeln zu öffnen.

Abschließend sei noch ein Wort zu der in diesem Buch gewählten Sprache gesagt. Hildegard von Bingen deutet, wie später noch ausführlich ausgeführt werden wird, das Gleichnis vom verlorenen Sohn als Sinnbild für das

Verhältnis von Menschen und Engeln, die sie in den beiden unterschiedlichen Brüdern dargestellt sieht. Deshalb ist auch in diesem Buch von den Engeln als Brüdern, als lichten Geschwistern die Rede. Tatsächlich sind die Engel Geistwesen, die mit irdischen Termini nicht letztlich erfasst werden können. Der Begriff Brüder oder Geschwister versteht sich nicht als Geringschätzung von Frauen. Er bezeichnet vielmehr die enge Verbindung, die uns zu ihnen geschenkt ist. Es wäre mir daher eine Freude, wenn Frauen und Männer sich gleichermaßen angesprochen fühlen würden.

Lichtvoller Freund
wenn ich dich sehe
leuchtet mein Leben
mir ein
und erhellt sich
mein Weg
das Dunkel
der Zeit
bleibt
was es war
ein Nichts
im funkelnden
All
gehalten
von deinen
Händen

WARUM HILDEGARD ODER: LEBENSHILFE AUS DEM MITTELALTER

Dass ich in vielen meiner Bücher über Hildegard schreibe, ist kein Zufall. Hildegard fasziniert mich seit fast 40 Jahren.

Aber da ist noch mehr. Denn diese Heilige, Visionärin, starke Frau des Mittelalters, die den Klerikern die Meinung sagte, demütige Schülerin des Mönches Volmar oder Bernhards von Clairvaux, hingebungsvoll ihren Glauben singende Komponistin, auf Gottes Stimme hörende und seine Geheimnisse schauende theologische Schriftstellerin ist mir im Laufe meines Lebens zur Freundin geworden.

Ich spüre ihre Nähe, sehe und höre sie manchmal und habe ein Gespür dafür, was sie in diesem oder jenem Augenblick tun oder denken könnte. Sie ist mir persönlich, aber auch durch ihr so facettenreiches, tiefes Werk nahe.

Deshalb ist es mir natürlich, ihren Rat zu suchen, wenn ich mich mit etwas beschäftige. Das ist auch beim Thema Engel nicht anders. Hildegard bietet Lebenshilfe aus dem Mittelalter an. Manchmal bedarf das, was sie denkt und schreibt, einer Übersetzung in unsere Zeit. Aber oft ist ihre Sprache erstaunlich direkt und eröffnet neue Einsichten. Das gilt auch für ihre Deutung des Verhältnisses von Engeln und Menschen.

Wie es zu verstehen ist, erklärt Hildegard am Beispiel vom verlorenen Sohn, das in der protestantischen Exegese das Gleichnis vom barmherzigen Vater genannt wird. Aber eigentlich müsste diese tiefe Sinngeschichte, wie Erzbischof Karl Braun 1999 in einem Vortrag in Nürnberg gesagt hat, das »Gleichnis von der offenbar gewordenen Liebe des Vaters, die jeden Widerstand überwindet« heißen. Denn diesen Vater kann nichts davon abhalten, beiden Söhnen mit der gleichen, jeden Rahmen sprengenden Liebe zugewandt zu sein. Das ist eine gute Nachricht. Denn es wäre ja durchaus naheliegend, anzunehmen, dass der verantwortungsbewusste, häusliche Erstgeborene der Lieblingssohn des Vaters ist.

Wir erinnern uns. Da war ein Vater, der zwei Söhne hatte. Der ältere war eng mit ihm verbunden. Der jüngere Sohn war anders, abenteuerlustiger. Ihn zog es in die Fremde, weg vom vertrauten, heimatlichen Hof und vom zuverlässigen, arbeitsamen, ganz auf die Pflichten gegenüber dem Vater ausgerichteten Bruder.

Der Vater lässt ihn ziehen. Er legt ihm sein Erbe in die Hände.

Und der jüngere Sohn geht, ohne groß zurückzublicken, los, mitten hinein ins Abenteuer seines Lebens. Erst ist das eine großartige Erfahrung, so ungebunden in den Tag zu leben. Er fühlt sich leicht und frei. Sein Geld gibt er mit vollen Händen aus.

Aber dann findet das Leben in Saus und Braus ein jähes Ende. Ohne Bares werden die Freunde plötzlich rar und der jüngere Sohn muss als Schweinehirt arbeiten. Sein Lohn ist so gering, dass er am liebsten das Futter der Tiere gegessen hätte, um seinen Hunger zu stillen. Der geringste Knecht im Haus meines Vaters ist reicher als ich, denkt er.

Schließlich kommt er an einen Punkt, an dem er sich entscheiden muss. Und er kehrt um. Er geht den ganzen langen Weg zurück, mit hängendem Kopf und in dem Bewusstsein, dass er in die Irre gelaufen ist und dass er um Verzeihung bitten muss.

Aber als er sich dem Haus seines Vaters nähert, steht der schon da. Mit offenen Armen. Der jüngere Sohn muss sich nur hineinfallen lassen. Mehr noch, der Vater freut sich so sehr über seine Rückkehr, dass er ein Festmahl ausrichten lässt. Eine höchst ungewöhnliche Reaktion, geradezu undenkbar in jenem Kulturraum, in dem Jesus lebte und predigte. Denn das Rechtsverständnis eines orientalischen Patriarchen hätte den verlorenen Sohn als »ausgezahlt« und damit nicht mehr zum Familienverband gehörig betrachtet. Aber Gott handelt eben anders, als menschliche Gewohnheiten und Rechtssetzungen dies nahelegen. Er zieht den Heimkehrer an sein Herz.

Dieser jüngere Sohn, sagt Hildegard, sind wir, die Menschen. Der ältere Sohn hingegen steht für die Engel. Beide, Engel und Menschen, sind von Gott geschaffen. Geschwister, dazu berufen, miteinander im Haus des Vaters zu wirken.

Ein erstaunliches Bild, eine wundersame Nähe der lichten Geschöpfe und der Erdenwesen.

Aber wie bei irdischen Geschwistern ist das Verhältnis auch nicht ganz unkompliziert. Der jüngere Sohn findet den älteren zu brav, der ältere den jüngeren verantwortungslos.

Bemerkenswert: »Gott verteilte sein Vermögen, auf dass beide wirken könnten«, schreibt Hildegard. Engel und Menschen sind ihm offenbar gleich viel wert.

Besonders deutlich wird dies in dem Moment, an dem der verlorene Sohn vom Vater umarmt wird. Hildegard schreibt dazu: »Er küsste ihn mit dem Kuss seines

Mundes in der Geburt seines Sohnes.« Was Hildegard damit sagen will, ist: Gott wird Mensch in Jesus Christus, weil ihm unser Menschsein genauso viel bedeutet wie das lichte Leben der Engel. Durch Jesus, der unser Bruder geworden ist, zeigt Gott leibhaftig, dass er für uns ebenso offen, berührbar, wahrnehmbar ist, wie für die Engel, die ihn mit leuchtendem Angesicht schauen. Und ganz egal, wie weit wir uns von ihm entfernt haben – wenn wir umkehren, erwartet er uns schon mit offenen Armen.

Das Mastkalb, das der Vater schlachten lässt, um die Heimkehr des jüngeren Sohnes zu feiern, deutet Hildegard als Bild für die Kreuzigung. Ein Symbol mit Tiefenschichten. Denn dass die Kreuzigung für ein Freudenfest steht, leuchtet nicht auf den ersten Blick ein. Deutlicher wird das Bild, wenn wir das Gleichnis hinzunehmen, das Jesus im Johannesevangelium (10, 1–10) erzählt und in dem er sich als die Tür bezeichnet. Was er für uns getan hat, öffnet uns das zuvor durch unsere Sünden verschlossene Tor zum Herzen des Vaters.

Genau deshalb, sagt Hildegard, sind unsere älteren Brüder, die Engel, zunächst unwillig über das Fest, das der Vater veranstaltet. Ihre Zurückhaltung hat ihre Wurzeln nicht im Neid, sondern vielmehr in ihrem tiefen Mitgefühl mit Jesus Christus, der für uns gestorben ist.

Die Vollkommenheit der Engel, die nicht gefallen, sondern bei Gott geblieben sind, ist für uns zugleich ein Leuchtturm, der uns den Weg zu Gott erhellt, und ein Scheinwerfer, der ein klares Licht auf unsere Irrwege wirft.

>Weisheit
>Schönheit
>und Freude
>liebendes
>Eintauchen
>in eine neue Welt
>sie erschließt
>Wege
>formt
>unvorhersehbar
>gangbare
>Wirklichkeit

Vom Licht, vom Lieben und vom Loben

In Hildegards Werk spielen Engel weit mehr als eine Nebenrolle. Sie sind kein niedliches Beiwerk, ganz nett, aber eigentlich überflüssig. Ihre Existenz ist vielmehr ein Schlüssel zum Verständnis der Schöpfung. Engel lassen uns begreifen, was die Welt im Innersten zusammenhält. Und man kann darauf wetten: Immer, wenn Hildegard etwas besonders wichtig ist, kommt dieses Thema auch in ihren Liedern vor. Wovon das Herz voll ist, davon spricht und singt auch der Mund heißt es. Bei Hildegard kann man genau dies ablesen. Engel sind für sie keine Kopfsache. Sie erlebt sie als lichte Wirklichkeit, als Wesen, die sie und uns alle begleiten, als Brüder eben, denen wir durch einen gemeinsamen Vater verbunden sind. Diese lebendige Beziehung hat natürlich Auswirkungen darauf, wie Hildegard lebt, wie sie die Welt sieht. Es ist ein entscheidender Unterschied, ob ich der Überzeugung bin, in einer Welt umherzuirren, die einer seelenlosen Maschine gleicht, genial konstruiert, aber ohne letzten Sinn, ohne Ziel, ohne Schöpfer, oder ob ich in lichter Begleitung unterwegs nachhause bin, wo Jesus bei Gott, unserem Vater, schon eine Wohnung für mich bereitet hat. Das Verhältnis von Glauben und Leben ist eines, das wie in einer Osmose auf Gegenseitigkeit beruht. *Lex orandi, lex credendi* ist ein lateinisches Wort, das diesen Zusammenhang in den Bereichen Gebet und Glauben auf den Punkt bringt. Das Gebet wirkt auf den Glauben ein, ebenso wie der Glaube das Gebet formt. Beides funktioniert nicht losgelöst voneinander. Deshalb wird ein in der Wissenschaft tätiger Theologe, der nicht betet und den Gottesdienst seiner Gemeinde nicht mitfeiert, keine vernünftigen Ergebnisse erzielen können. Umgekehrt gilt aber auch, dass unser Beten sich an dem uns überlieferten Glauben orientiert, sich von ihm prägen und formen lässt. Erzbischof Karl Braun hat dies einmal mit dem Bild des inneren und äußeren Lehrers zusammengefasst. Der innere Lehrer ist eine lebendige Wirklichkeit, das personale göttliche Du in Gestalt des Heiligen Geistes. Er erschien der heiligen Crescentia von Kaufbeuren, die dritte Person der Dreifaltigkeit gewissermaßen in eine begreifbare Form bringend, einst in einer Lichtaura als überaus schöne jugendliche Gestalt. Der äußere Lehrer ist die Lehre der Kirche, die Überlieferung des Glaubens, dessen Facettenreichtum so groß ist, dass es sich lohnt, sein ganzes Leben darauf zu verwenden, diesen Schatz zu entdecken. Engel können dabei nicht nur unsere ganz persönlichen Wegbegleiter, sondern durch ihre Lebensform auch eine wichtige Hilfe sein. Denn sie verkörpern eine geistliche Grundhaltung, die wesentlich für ein gelingendes Leben ist. Sie besteht zum einen aus der konsequenten Ausrichtung auf Gott und zum anderen im Lob Gottes. Beides hat Folgen. Denn wenn ich mich an jemandem orientiere, kann er mein Leben prägen. Das geschieht einfach dadurch, dass sich mein Denken und Tun im Gespräch mit ihm entfaltet. Wem der Gedanke an Gott an dieser Stelle zu abstrakt erscheint, kann sich vorstellen, wie es guten Freunden geht, die in einiger Entfernung voneinander leben. Wenn sie einander im Herzen tragen, sind sie sich ungeachtet der örtlichen Trennung im Geiste so nahe, dass sie sich in ihrem Denken und Handeln aufeinander beziehen. »Was würde er tun?«, fragt man sich dann und schon entsteht ein innerer Dialog. Und es öffnet sich ein Weg, den man ohne diese Verbundenheit zu einem Du vorher vielleicht nicht im Blick hatte. Das ist die Beziehungsebene. Die Ebene des Lobens, die die Engel uns vorleben, kommt als notwendige Ergänzung hinzu. Wenn ich jemanden lobe, bedeutet es, Gutes über ihn zu sagen. Im Lateinischen drückt man dies mit dem Wort *benedicere* aus, das neben der wörtlichen Übersetzung »Gutes sagen« auch Segnen bedeutet. Wer Gutes sagt, wird nicht nur anderen zum Segen. Die Hirnforschung lehrt uns, dass das

Loben auch demjenigen guttut, der das Lob ausspricht oder singt. Das gilt in jeder Lebenslage. Stressforscher haben herausgefunden, dass Menschen, die besonders resilient sind und positiver auf Stress reagieren, genau diese Eigenschaft haben. Sie wenden sich anderen liebend und lobend zu, auch wenn es ihnen selber gerade nicht so gut geht oder sie viel zu tun haben. Und sie profitieren davon. Denn die Endorphine, jene Stoffe, die uns, wenn sie im Gehirn ausgeschüttet werden, glücklich machen, werden sowohl dann freigesetzt, wenn uns jemand guttut, als auch dann, wenn wir uns anderen liebevoll zuwenden. Eine klare Orientierung und das freudige Loben verdichten sich im Vorbild der Engel zu einem lichten Weg zu einem gelingenden Leben.

Sich in das Geheimnis einschwingen

Hildegard bringt dies in den Gesängen, die sie zu Ehren der Engel getextet und komponiert hat, so zum Ausdruck.

Antiphon: *O gloriosissimi vos vivens Angeli*

»O rumreiche Engel, ihr seid lebendiges Licht.
In der Gottheit erblickt ihr im mystischen Dunkel der gesamten Schöpfung
die göttlichen Augen
mit brennender Sehnsucht
und niemals könnt ihr euch daran ersättigen.
O welch herrliche Freude ist in eurer Urform, die in euch unversehrt ist von jedem unrechten Werk,
das seinen Ursprung in eurem Gefährten hat,
dem verlorenen Engel,
der fliegen wollte, über den innersten Schutzraum Gottes.
Da stürzte er voller Schmerz in die Gebrochenheit,
aber das, wodurch er fiel, gab er dem Gebilde aus Gottes Hand, dem Menschen.«

Der letzte Satz von Hildegards Antiphon enthält eine ernst zu nehmende Warnung. Wer den Schutzraum

Gottes verlässt, fällt buchstäblich ins Bodenlose. Und Hildegard liefert den Grund für diesen Absturz gleich mit. Es ist der Hochmut, der den verlorenen Engel denken ließ, er verdanke seinen lichten Glanz sich selbst. Als Versuchung, sagt Hildegard, lebt dieser Hochmut in uns Menschen. Er ist eine Wurzelsünde, die dem Unkraut gleich immer wieder einmal emporwachsen will. Dagegen hilft nur innere Gartenarbeit, damit die Seele und damit der ganze Mensch schön in Form bleibt. Sie gelingt umso besser, je stärker wir uns der Gegenwart der Engel bewusst sind. Diese Gegenwart wiederum zeigt sich uns nicht nur im Gottesdienst, wenn wir in ihren Lobpreis einstimmen. Sie ist vielmehr lebendige Wirklichkeit in jedem Augenblick unseres Lebens. Und Hildegard gibt einen weiteren entscheidenden Hinweis. Die Engel schauen mit brennender Sehnsucht auf Gott und können sich niemals an seinem Anblick ersättigen. Die wahre Fülle liegt genau hier. Nirgendwo anders. Nicht in materiellen Dingen, aber auch nicht in zwischenmenschlichen Begegnungen, die bei all ihrer zarten Schönheit, in all ihrer Leidenschaft letztlich auf den verweisen, in dem die Fülle des Lebens ist: auf Gott. In dessen Gegenwart zu leben und so unsere wahre Urform zu finden ist unsere Berufung. Auf diesem Weg sind wir nicht allein. Denn die Engel sind unsere

Gefährten, uns zum Schutz und als Begleiter gegeben. Das gilt für jeden Einzelnen, aber auch für ganze Völker, deren Einheit sie behutsam stärken. Dies sind nur einige Beispiele aus der Bedeutungsfülle, die in Hildegards Gesängen eingeborgen ist. Das Eintauchen in die Sinnschichten ihrer Antiphon gelingt am besten durch betrachtendes Lesen oder hören. Eine klingende Version der Antiphon findet sich hier: https://www.youtube.com/watch?v=8XMHaYrJXZk

Responsorium: *O vos angeli*
»O Engel, die ihr die Völker schützt,
deren Gestalt in eurem Antlitz leuchtet,
ihr Erzengel, die Seelen der Gerechten nehmt ihr auf,
und ihr, Kräfte und Mächte,
Fürsten, Herrschaften und Throne,
die ihr teilhabt am Geheimnis der Fünfzahl,
und ihr Cherubim und Seraphim,
Siegel der Geheimnisse Gottes,
Lob sei euch, die ihr den Ort des uralten Herzens
im Quell erblickt.
Ihr schaut nämlich die innerste Kraft des Vaters,
die von jenem Herzen ausströmt
wie ein Gesicht.
Lob sei euch, die ihr den Ort des uralten Herzens
im Quell erblickt.«

Dieses Responsorium, das Hildegard ebenso wie die Antiphon für eines der Engelfeste im Kirchenjahr geschrieben hat, birgt eine ganze Reihe tiefer Geheimnisse. Sie entfalten sich behutsam beim wiederholten Lesen oder beim Anhören des Responsoriums. Auf Youtube finden Sie unter https://www.youtube.com/watch?v=St9zFQezM6g eine Aufnahme dafür. Der Beginn des Textes greift auf die Vorstellung zurück, dass nicht nur jeder einzelne Mensch, sondern auch Völker einen Schutzengel haben. Bemerkenswert ist die Ergänzung, die Hildegard in ihrem Text macht. Sie beschreibt, dass deren Gestalt in ihrem Antlitz aufleuchtet. Das ist ein wunderschöner Gedanke, der auch auf unseren persönlichen Schutzengel anwendbar ist. Er ist ein lichter Begleiter, in dessen Antlitz wir so aufleuchten, wie wir von Gott her gemeint sind. Wenn er uns anstrahlt, können wir gewissermaßen unser Potenzial erkennen. In dichten Bildworten beschreibt Hildegard dann, was die Engel schauen, das, was sie immer wieder neu Gott loben lässt. Sie schauen der Schöpfung bis auf den Grund und erkennen Gottes Herz als ihren Quell und in dieser Quelle sehen sie die Kraft des Vaters ausströmen wie ein Gesicht. Hildegards Gedicht ist ein Reflex auf den Hymnus aus dem Kolosserbrief, der Teil des täglichen Stundengebetes ist und in dem es heißt: »Dankt dem

Vater mit Freude. Er hat euch fähig gemacht, Anteil zu haben am Los der Heiligen, die im Licht sind. Er hat uns der Macht der Finsternis entrissen und aufgenommen in das Reich seines geliebten Sohnes. Durch ihn haben wir die Erlösung, die Vergebung der Sünden. Er ist das Ebenbild des unsichtbaren Gottes.« (Kol 1, 12–15)

Das Responsorium an die Engel ist typisch für die Art und Weise, in der Hildegard von Bingen vor Gott lebt und mit der sie bis in unsere Zeit hinein strahlkräftig wirkt. Und es kann eine Schlüsselfunktion für unseren eigenen Umgang mit den Engeln wahrnehmen. Denn bei der Begegnung mit Engeln kommt es nicht auf ein abschließendes intellektuelles Begreifen an. Es geht vielmehr um die Wahrnehmung der zarten Lichtspuren, die die Engel in unserem Leben hinterlassen, und um das Wissen darum, wo sie verankert sind: in der Schau des Herzens des Vaters, aus dem sein Sohn Jesus Christus hervorgeht, der für uns Weg, Wahrheit und Leben, das Antlitz Gottes ist.

Der nahbare Gott

Dass man Gott sinnlich wahrnehmen kann, scheint manch einem überraschend. Sicher, man glaubt an ihn und es ist ja auch logisch, anzunehmen, dass da irgendeine Kraft sein muss, die die Welt im Innersten zusammenhält, einen ersten Beweger, der den Anstoß dafür gab, dass die Geschichte von Welt und Menschen ins Rollen kam. Aber kann man diese Kraft wirklich als personales Du erleben, als göttliches Gegenüber, sichtbar, hörbar, berührbar? Hildegard ist davon überzeugt, so sehr, dass sich dies auch in ihrer Darstellung der Chöre der Engel niederschlägt. Sie weicht, wie so oft, vom Mainstream einer eher intellektfokussierten Theologie ab und baut eine praktische Komponente ein, die zugleich in ihrer grundsätzlichen Sicht von Engeln und Menschen als gemeinsam auf Gott, unseren Vater ausgerichtete Geschwister wurzelt. Um zu verstehen, worum es geht, müssen wir zunächst einen kurzen Blick auf die Tradition werfen, auf die Hildegard sich bezieht. Dass es mehrere Engelchöre gibt und es sich bei den Gott lobpreisenden Lichtwesen nicht um eine einzige, ununterscheidbare Gruppe handelt, ist ein Gedanke, der sich im Laufe der Theologiegeschichte entwickelt. Schon Augustinus erwähnt mehrere unterscheidbare Engelchöre.

Er bezieht sich dabei auf den Apostel Paulus, der Throne, Herrschaften, Mächte und Fürstentümer nennt, Ephräm den Syrer und Cyrill von Jerusalem. Sie stellen eine dreifache Engel-Hierarchie vor Augen, die den dreifaltigen Gott widerspiegelt. Dionysius Areopagita, Scotus Eriugena und Rhabanus Maurus entfalten dieses Schema, dessen inhärente Kraft in ihrem Potenzial noch deutlicher erkennbar machend, weiter, indem sie von dreimal drei Chören sprechen. Hildegard greift die Neunzahl der Engelchöre auf. Aber sie stellt die Engeltheologie vom Kopf auf die Füße und gibt ihr eine neue Ordnung. Ihre himmlische Formel lautet: $2 + 5 + 2 = 9$. Mit diesem Zahlenspiel verbindet sie kein intellektuelles Vergnügen, sondern eine existenzielle Botschaft. »Diese Ordnung deutet an, dass Leib und Seele des Menschen, die fünf Sinne des Menschen mit der ganzen Kraft ihrer Eigenstärke (*virtus fortitudinis*) in sich begreifen, jene fünf Sinne, die durch die fünf Wunden meines Sohnes gereinigt wurden und sich nun zur Rechtmäßigkeit der inneren Gebote ausrichten sollen.« Ohne die notwendige Orientierung auf Gott hin aufzugeben, geht Hildegard doch erkennbar von dem aus, was Menschen möglich ist. Sie nimmt uns gleichsam an die Hand und sagt: Gott ist Dir nahe, Du kannst ihn erkennen. Und sie verweist dabei auf jene Formen der Wahrnehmung, auf die wir Menschen spezialisiert sind: die Sinne. Das ist konzeptionell hochinteressant. Denn es beinhaltet einen Segen über die Sinne. Hildegard sagt Gutes von unserer Fähigkeit, zu sehen, zu hören, zu riechen zu tasten und zu schmecken. Mehr noch, gerade durch diese im Laufe der Theologiegeschichte mitunter als Einfallstor der Sünde gebrandmarkten körperlichen Fähigkeiten können wir spüren: Gott ist uns nahe, er ist in unserem Herzen. Der Segen über die Sinne wiederum ist eingebettet in ihre Sicht von Leib und Seele, die untrennbar miteinander verwoben sind. Das bedeutet: Die körperlichen Sinne können weder isoliert betrachtet werden, noch sind sie in der Lage, unabhängig von ihrer geistigen, geistlichen und seelischen Komponente richtig zu funktionieren. Die beiden äußeren Engelchöre, die die fünf im Inneren umarmend umkreisen, stehen deshalb in ihrer Theologie für den richtigen Rahmen, der dafür sorgt, dass im Inneren alles so abläuft, wie es soll. Hildegard referenziert diese Korrektivfunktion mit Leib und Seele. Beide sind gleich wichtig. Sie sind miteinander verwoben und die gesamte Ordnung gerät durcheinander, wenn ein Aspekt überbetont wird. Leib und Seele mit den fünf Sinnen wiederum umkreisen zwei weitere Chöre im Innern, die für die Liebe zu Gott und die Nächsten stehen. Und Hildegard gibt uns noch eine weitere, essenzielle Orientierung mit auf den Weg. Eine, die uns hilft, die Linien und Zeichen auf jener Karte, die die Welt von Engeln und Menschen zeigt, tiefer zu verstehen. Denn sie verbindet die fünf Chöre, die sie mit den fünf geistlichen und körperlichen Sinnen in Beziehung setzt, mit den fünf Wunden Christi. Das Geheimnis des Aufeinanderbezogenseins von Gott und Mensch, von durch Engel und Menschen repräsentierter himmlischer und irdischer Wirklichkeit ist im Grunde unauslotbar. Aber es ist zugleich aufrichtend, heilend und erlösend. Denn es macht deutlich: Nur im Blick auf den durchbohrten Erlöser am Kreuz finden wir Heil, können wir suchend und fragend verstehen, was die Welt im Innersten zusammenhält. Hier ist die Quelle des Lebens. Hildegards Bild funktioniert dabei wie ein Kristall, dessen Farbenspiel und Facettenreichtum sich nur bei immer wieder neuer Betrachtung erschließt. Zugleich ist dieses Bild, die Verbindung der fünf Sinne mit den Chören der Engel und den fünf Wunden, ein Schlüssel, der öffnend für das Begreifen unserer Rolle in der Welt wirkt. Dieses Begreifen aber ist im Letzten eines, das wir nicht selbst leisten können. Unsere Aufgabe ist das Bemühen, das stete sich Ausrichten auf das Mysterium. Darin eintauchen zu dürfen aber ist ein Geschenk des Heiligen Geistes.

Hilfe und Wegweisung

Gott ist uns näher, als wir selbst es sind, sagt Augustinus. Manchmal ist es schwer, das zu merken in einem Alltag, der laut, hektisch, von vielerlei Anforderungen geprägt ist. Engel können dabei helfen, Gottes Stimme im Durcheinander der Meinungen wieder neu wahrzunehmen. Denn sie haben uns etwas Entscheidendes voraus: eine lebendige Verbindung mit ihm. Sie wurzelt in der konsequenten Ausrichtung auf ihn. Diese Orientierung wirkt erhellend und ansteckend. Denn durch sie finden wir das wahre Leben, das wir so oft vergeblich anderswo suchen. Engel sind hilfreich, sie sind, so sagt Hildegard, Kräfte. *Virtutes* nennt sie sie in der Sprache, in der sie schreibt. Das lateinische Wort enthält mehr als diese eine Übersetzung. Es ist wie ein Kristall, der, ins Licht gehalten, in vielen Farben leuchtet. In *virtutes* steckt das Wort *vir*, das Mann bedeutet. In Hildegards Weltbild steht es für zielgerichtetes Handeln, den Mut, den einmal eingeschlagenen Weg zu gehen, das Empfangene weiterzugeben. Weitergedacht, entwickelt sich aus *vir virga*, der knospende Zweig, das blühende Leben, jene *viriditas*, die als grünende Lebenskraft den ganzen Kosmos durchdringt. Mit einer ganz kleinen Änderung weitergedacht, entspringt aus dem Wortstamm *vir virgo*, die Jungfrau, die im Selbststand ganz auf Gott Ausgerichtete, eine geistliche Grundhaltung, die Männer und Frauen in der *virginitas*, der Jungfräulichkeit, gleichermaßen einnehmen können. Wenn Hildegard den einen der neun Engelchöre *virtutes*, Kräfte, nennt, schwingen all diese Bedeutungsnuancen mit. Hildegard schreibt über die *virtutes*: »Sie steigen in den Herzen der Gläubigen empor und bauen in ihnen mit brennender Liebe den hohen Turm der Taten, den alles Menschenwerk bedeutet.« Die Engel helfen uns ganz buchstäblich bei dem, was wir tun. Und zwar von dort aus, wo es am wirkungsvollsten ist, von innen her, aus unserer Herzmitte. Sie sind uns von Gott geschenkt, um es in uns so hell zu machen, dass wir Ihn dort finden können. Die Grundfunktion der Kräfte ist Hilfe und Wegweisung. Erstere ist ganz konkret. Engel sind ansprechbar, unübertroffen nah, immer erreichbar für unseren Notruf. Letztere ist begründet und zielgerichtet zugleich. Denn indem sie Gottes Wort überbringen, seinen Willen vermitteln, werfen sie Sein Licht auf unseren Weg.

Die immer neue Entscheidung

Wer mit den Engeln zu tun hat, stellt schnell fest, dass er auf dem Weg mit ihnen nicht stehen bleibt. Engel fordern zur Entscheidung heraus. Denn für sie wie für uns geht es im Leben immer ums Ganze. Darum, um Ihn, Gott, kreisen sie. Hildegard bindet das Wirken der Kräfte an eine zentrale Frage zurück: Gibt es einen Gott? Wenn ja – und sie ist natürlich davon überzeugt, denn Er ist das lebendige Licht, in dem Hildegard ihr Leben einleuchtet und das ihren Weg hell macht –, dann hat das Konsequenzen. Es beginnt dann eine Beziehungsgeschichte. Alles, was uns begegnet, alles, was wir tun wollen und lassen sollen, bekommt von diesem Licht seine Farbe. Wir sind mit diesem Licht, mit Gott verbunden. Wir handeln in seinem Licht. Es erhellt die Schattenseiten dessen, was wir tun. Deshalb haben wir immer wieder neu die daraus folgende Chance zur Reue. Sie ist für Hildegard eine weltverwandelnde Kraft. Denn das Empfinden des tiefen Schmerzes, das sich mit der Erkenntnis der Abwendung von Gott verbindet, befreit uns von unserer Schuld, reinigt zugleich die schmerzenden Wunden, die unsere Sünden in unserer Seele geschlagen haben, und ermöglicht es uns, die heilende Salbung zu erhalten. Die Engel helfen uns auf diesem Weg, weil sie in den Dunkelheiten des Lebens die Erinnerung an das Licht wachhalten. Wenn wir uns, wie die in Platons Höhle Gefangenen, mit dem Gesicht vor die Wand setzen und nur noch Schatten sehen, tippen sie uns auf die Schulter und sagen: »Da hinten geht's nach vorne«, und zeigen uns den Weg ins Licht. *Scivias lucis*, diesen lichten Weg zu kennen, sich immer wieder neu an ihn erinnern zu lassen, den Engeln die Navigation anzuvertrauen, ist buchstäblich lebensrettend. Denn wo im Menschen die Frage nicht ist, sagt Hildegard, ist auch nicht die Antwort des Heiligen Geistes. Er, der Feuer ist und Tröster, Leben des Lebens aller Geschöpfe kann nur wie Feuer und Wein in uns eindringen, wenn wir uns ihm öffnen. Wo genau wir auf unserem Weg gerade sind, ob die Öffnung gelingt, scheint manchmal schwer zu erkennen. Aber die Engel helfen auch hier. Denn ihre Funktion als Wegbegleiter und Helfer erfüllen sie auch durch eine besondere Fähigkeit. »Sie spiegeln in ihrem geistigen Sein die Werke der Auserwählten und führen diese durch ihre Kraft zum guten Ende hell leuchtender Seligkeit«, schreibt Hildegard in ihrem *Liber Scivias*. Durch ihre Standleitung zum lebendigen Licht stärken die Engel unsere Verbindung mit Gott. Weil sie, was wir sind und tun, es wie in einem Spiegel zeigend, Ihm hinhalten, nehmen sie jene geistliche Grundhaltung der geöffneten Hände für uns wahr, die einzuüben wir eingeladen sind. Sie tragen unser Sein auf Seinen himmlischen Altar vor seine göttliche Herrlichkeit und opfern es für uns auf, damit wir unser ganzes Leben lang genau dies üben. Engel umkreisen unaufhörlich jenes große Geheimnis der Liebe, die Gott ist.

Die unbekannte Sprache und die Engel

Zu den Merkwürdigkeiten in Hildegards Werk zählen die *lingua ignota* und die *litterae ignotae*, die unbekannte Sprache und die unbekannten Buchstaben. Beide, Sprache und Buchstaben ziehen immer wieder fasziniert Forscher an, ihre Bedeutung ist aber bis heute nicht klar. Handelt es sich um eine liebevolle Spielerei, eine Geheimsprache, derer Hildegard sich innerhalb ihres Klosters bediente? Und wenn ja, mit wem redete sie in der *lingua ignota* und wem schrieb sie in dieser Sprache? Erinnern solche Geheimschriften und -sprachen nicht eher an Krimiplots, in denen es um geheimdienstliche Aktivitäten geht? Hatte Hildegard etwas zu verbergen? Oder hatte sie vielmehr etwas entdeckt? Möglich wäre es. Die Hildegardforscher des 19. Jahrhunderts waren davon überzeugt. Sie glaubten, Hildegard hätte in ihrer unbekannten Sprache Spuren jenes Idioms niedergeschrieben, das die Menschen vor dem Turmbau zu Babel gesprochen hatten, jener Sprache, in der jeder jeden verstehen konnte. Eine schöne Idee. Aber ist dieser Gedanke auch wahrscheinlich? Oder verweist Hildegards spielerischer Umgang mit Sprache und Buchstaben auf etwas anderes? Vielleicht. Denn sie, die dank ihrer visionären und auditiven Begabung so viel mehr sah und hörte, als viele ihrer Zeitgenossen, beschäftigte sich auf eine Weise mit Gott und der Welt, die für heutige Neurowissenschaftlicher überaus aufschlussreich ist. Ihre Werke sind der Spiegel eines extensiv vernetzten Denkens, dessen Spuren sich in ihrer Sprachbehandlung ebenso zeigen wie in ihren Kompositionen und den Bildern, die ihren Visionswerken beigefügt sind. Apropos Sprache. Welche Sprache sprechen eigentlich Engel? Eine Frage, über die viel spekuliert worden ist und auch Hildegard scheint darüber nachgedacht zu haben. Zumindest verweisen die Spuren in ihrer *lingua ignota* auf eine solche intellektuelle Reflektion. Und die unbekannte Sprache gibt auch einen Hinweis darauf, wie Hildegard sich die Kommunikation der Engel vorgestellt haben mag. Aber es wäre zu kurz gedacht, die *lingua ignota* von der

Ursprache der Menschen zur Sprache der Engel zu befördern, so inspirierend dieser Gedanke auch sein mag. Tatsächlich ist diese Idee sogar unwahrscheinlicher als die, in der *lingua ignota* die Ursprache der Menschen zu sehen. Ein Beleg dafür ist das von Hildegard aufgelistete Vokabular, das neben Gott und den Engeln eine ganze Reihe höchst weltlicher Alltagsgegenstände enthält, an denen unsere himmlischen Brüder womöglich kein gesteigertes Interesse haben. Und noch ein weiteres, im Hinblick auf den sprachlichen Austausch Grundlegendes ist zu berücksichtigen. Kommunikation ist weit mehr als eine Aneinanderreihung von Worten. Wir wissen heute, dass die Sprache nur einen Bruchteil dessen ausmacht, was bei der Kommunikation geschieht. Der Tonfall, die Farbe der Stimme, die Sprache des Körpers senden weit wirkmächtigere Botschaften aus als die reinen Worte. In der Kommunikation vermittelt sich auch das Wesen der Person. Deshalb scheint es kein Zufall zu sein, dass die beiden Worte für Gott und Engel, die Hildegard in ihrer *lingua ignota* erfunden hat, einander so ähnlich sind. Aigonz steht in der unbekannten Sprache für Gott, Aieganz für Engel. Beide Worte erwecken den Eindruck der engen Verflechtung von Lichtfäden – eben so, wie die Engel Spiegelwesen sind, die auf der einen Seite den Menschen Gottes Herrlichkeit, auf der anderen Seite Gott die Taten der Menschen vermitteln. Die beiden Worte Aigonz und Aieganz sind die ersten auf der Liste der Worte der unbekannten Sprache Hildegards. Beginnen diese beiden mit dem ersten Buchstaben des Alphabets springt Hildegard beim dritten Wort ganz nach hinten in die Reihe der Buchstaben und bezeichnet den Heiligen mit dem Wort Zuuenz. Dass dies ein Zufall ist, mag man kaum glauben. Denn heilig zu werden ist beides: die natürliche Berufung jedes Menschen, weshalb das Wort für den Heiligen auch gleich hinter Gott und den Engeln steht und so die enge Beziehung zwischen Gott, Engeln und Menschen sichtbar macht. Zugleich aber betont sie durch die Wahl des Anfangsbuchstabens Z für das Wort Heiliger den großen Abstand, den wir Menschen zu überwinden haben, bis es uns zumindest anfanghaft gelingt, unser uns von Gott geschenktes Potenzial zu entfalten. Dass die Engel dabei eine entscheidende Hilfe sein können, davon ist Hildegard überzeugt. Sonst hätte sie sie uns nicht als unsere Brüder vorgestellt und die Heiligen als Gefährten der Engel bezeichnet. Auch für diesen Gedanken finden sich Lichtspuren in ihrer *lingua ignota*. Denn das unbekannte Wort für Gefährte heißt Zilix und man darf es als Zeichen der engen Verbundenheit von Engeln und Menschen deuten, wenn Hildegard Gott, Engel und Menschen ganz oben auf ihre Liste setzt und mit den beiden mit dem letzten Buchstaben des Alphabetes, Z, beginnenden Worten Heiliger und Gefährte verdeutlicht, dass der Abstand zwischen Menschen und Engeln kein unüberbrückbarer ist.

Lichtschatten
namenlos
in
der
Begegnung
tausende
Namen
in
der
Berührung
Du

ENGEL, MENSCHEN UND DAS NETZWERK DES LEBENS

Engel sind für Hildegard keine Fremdkörper. Die Begegnung mit ihnen gleicht nicht jenem *tremendum*, dem im Grunde namenlosen Erschauern, das Rainer Maria Rilke auswortet, wenn er die Begegnung mit dem ganz Anderen in seinen *Duineser Elegien* mit den Worten »jeder Engel ist schrecklich« auf den Punkt bringt. Sie sind vielmehr Teil eines lebendigen Netzes aus Lichtfäden, in das die Menschen innerhalb des Weltrades eingeborgen sind. Ihre Aufgabe ist es, mit dafür Sorge zu tragen, dass das Weltall im Gleichgewicht bleibt. Aufschließend wirkt, dass Hildegard Engel als Kräfte versteht. In ihrem *Liber divinorum operum* beschreibt sie den Bau der Welt und zeichnet dabei die Planeten und die Sterne als lebendiges Lichtnetzwerk. Die damals sieben bekannten Planeten werden dabei in ihrem geistigen Sinn mit den sieben Gaben des Heiligen Geistes verbunden. Aber was hat das mit den Engeln zu tun? Engel und Sterne werden – auch in vorchristlichen Kulturen – in enger Verbindung gesehen. Die Lichtstrahlen, die von den Sternen ausgehen, werden als Leuchtspuren jener himmlischen Wesen wahrgenommen, die unsere Welt mit ihrem Funkeln wie in einer lichten Umarmung umgeben. Ein Echo dieser Wahrnehmung findet sich in den auch Engelämter genannten Roratemessen, die in der Dunkelheit der winterlichen Adventmorgen bei Kerzenschein gefeiert werden. Diese Art von Weltsicht mag dem materialistisch orientierten Menschen als unaufgeklärt erscheinen. Aber sie wirkt in ihrer Schönheit auf das Herz ungleich wärmender als eine auf die physikalischen Aspekte des Weltalls beschränkte Betrachtung. Denn sie kommt – ungeachtet der enormen Rechenkapazitäten der neuesten Computergeneration – schnell an ihre Grenzen. Tatsächlich sind es heute oft die Physiker, die sich als die besten Lehrmeister im Staunen erweisen. Denn sie wissen, gerade weil sie es genau ausgerechnet haben, wie eng die Grenzen des Verstandes und wie weit dagegen das Gesamt der Schöpfung ist. Deren innere Verbundenheit, die Wechselwirkungen, die Veränderungen am einen Ende der Welt an dessen anderem Ende auslösen, verweisen darauf, dass wir es beim Kosmos mit einer lebendigen

Wirklichkeit zu tun haben. Sie als Lichtnetzwerk wahrzunehmen, wie Hildegard dies tut, nimmt dem Weltverständnis nichts weg. Im Gegenteil, es wirkt orientierend, weil alles Geschaffene auf den hingeordnet ist, der die Quelle und der Ursprung des Lebens ist. Das Bleiben bei Gott, der unablässige Lobpreis, ist die Grundhaltung unserer Brüder, der Engel. Ihnen darin nachzueifern macht nicht nur theologisch, sondern auch psychologisch Sinn. Denn Lob ist eine Folge der Dankbarkeit. Wer Gutes zu sehen und zu sagen vermag, der wird nicht nur anderen zum Segen, sondern ist auch selbst messbar glücklicher als derjenige, der mit trübem Blick auf das halbleere Glas in seiner Hand blickt. Dass die Sterne, wie Hildegard im *Liber divinorum operum* lehrt, auf die acht Seligkeiten verweisen, ist also keine leere Formel, sondern vielmehr eine Wegbeschreibung zur Fülle des Sinns. Ihn findet, wer »den Spuren des Gottessohnes getreulich folgt« und er »wird von der Herrlichkeit glückseliger Tugendkräfte geschirmt und geschmückt.« Sie aber sind nichts anderes als die Engel, die uns dabei helfen möchten, dass unser Leben im Gleichgewicht bleibt und wir die rechte Orientierung behalten. Das Besondere an Hildegards Angelologie ist die Verwobenheit von Engel- und Menschenwelt, die Leitfunktion der Engel als Wesen, die uns ins Licht führen, als Wesen, die das Bleiben bei Christus zu ihrer

Lebensaufgabe gemacht haben und die uns lehren, wie das Bleiben im Lobpreis zur Lichterfahrung wird. Einem Menschen, »der solches ins Werk setzt«, schreibt Hildegard, wird »das Brot des Lebens geschenkt werden, dessen Erquickung niemand verschmähen kann, weil er im süßen Schmecken der wahren Liebe immerfort erfreut wird. Und so wird er selber ein springender Quell aus dem Wasser des Lebens.«

Spürbare Gotteserfahrung

Engel sind in Hildegards Weltsicht auch Teil der Gotteserfahrung. Wie das zu verstehen ist, beschreibt sie in der dreizehnten Vision des dritten Teils des *Liber scivias*: »Denn ihr seht die innere Kraft des Vaters, die gleichsam als Antlitz aus seinem Herzen hervorhaucht.« In unsere Sprachwelt übersetzt bedeutet das nicht mehr und nicht weniger, als dass die Engel etwas von der Herzkraft Gottes, von seiner Liebe zu uns, die sich in seinem Antlitz spiegelt, sichtbar und erfahrbar werden lassen. Wer dieses Geheimnis tiefer verstehen möchte, kann die Liebe zwischen zwei Menschen als Brücke nehmen. Wenn ein Mensch einen anderen liebt, sieht man ihm das an. Wenn er von ihm spricht oder an ihn denkt, verändert sich der Ausdruck seines Gesichtes. Es wird weicher, die Augen leuchten. Genauso schauen die Engel Gottes Angesicht als einen der uns und sie liebt. Für die Theologie und für unser Leben mit Gott bedeutet dies: Die Hintansetzung der Engel erweist sich rückblickend als schwerer Fehler. Denn sie führte nicht, wie man sich dies erhofft hat, zu einer stärkeren Konzentration auf Gott, weil man Nebensächliches beiseitegelassen und sich ganz auf ihn fokussiert hat. Im Gegenteil. Je mehr die Engel und die Heiligen aus dem Blick der Menschen gerieten, desto schwächer wurde ihre Gottesbeziehung. Wenn man aber Engel als eine Kraft versteht, die gleichsam als Antlitz aus dem Herzen des Vaters hervorhaucht, bekommen sie nicht nur als personale Lichtwesen, sondern als Botschafter Gottes an uns eine eigene, unverwechselbare und zugleich unverzichtbare Relevanz. Es ist interessant, zu beobachten, dass sich mit der Abkehr von Engeln und Heiligen der vom Protestantismus beeinflussten katholischen Theologie auch eine zunehmende Angleichung der katholischen Liturgie an die der evangelischen Christen vollzogen hat, die schließlich bei einigen Theologen bis zu einem protestantischen Verständnis der Wandlung von Brot und Wein in der Eucharistie geführt hat. Zu einer notwendigen Umkehrbewegung kann eine Rückbesinnung auf Hildegards Angelologie entscheidend beitragen. Denn sie nimmt die Engel als Träger der himmlischen Liturgie und zugleich als von Gott dem Vater ausströmende Liebesbewegung wahr. Zugleich macht Hildegard uns bewusst: Die Menschen sind auf die Einsicht der Engel angewiesen. Die Engel aber brauchen auch die Menschen. Denn sie verfügen als leibliche Geschöpfe über ein Erfahrungsspektrum, das sie mit dem menschgewordenen Gott teilen und das den Engeln fehlt. Die Wahrnehmung der Engel ist also keine Einbahnstraße, von der wir als der himmlischen Wirklichkeit Bedürftige allein profitieren. Sie sieht vielmehr im Zusammenwirken von Engeln und Menschen und im Mitwirken beider mit Gott an der Schöpfung den Sinn jenes großen Ganzen, das sie in so farbenprächtigen Bildern schaut. In diesem Zusammenhang ist es bemerkenswert, dass der Verlust der Verbindung des Menschen mit der Natur, mit der er doch untrennbar vernetzt und in die er eingeborgen ist, der Distanzierung von den Engeln vorausging. Die Verwobenheit beider miteinander, der Natur und der geistigen Lichtwelt der Engel, wiederzuentdecken ist eine wichtige Aufgabe, bei der Hildegard entscheidend helfen kann. Denn dort, wo dies bereits geschieht, in den naturreligiösen Bewegungen, die einen so wichtigen Beitrag zur Rückbesinnung darauf leisten, dass nur eine Lebensführung, die Rücksicht auf die Natur nimmt, zielführend ist, fehlt mitunter der über die geschaffene Welt hinausweisende Bezug zu Gott. Aber wo es an ihm mangelt, wird die Erfahrung der geistigen Lichtwelt letztlich dumpf, zurückgeworfen auf die von ihr durchdrungene, aber eben auch über sie hinausweisende, auf Gott bezogene Lichtwelt der Engel. Bei Hildegard ist dies anders. Sie assoziiert Engel, *virtutes*, mit Naturkräften. Aber nicht alle Engel – und das ist der entscheidende Unterschied – sind *virtutes*, Kräfte. Wenn sie also die Sterne als Kräfte deutet oder von den Windkräften spricht, ist zugleich klar: Alles Irdische ist geistbewegt. Aber es gibt zugleich Throne, Herrschaften, Mächte und Gewalten, die über das Irdische hinausweisen. Und es wird auch deutlich: Nicht jede Kraft ist eine gute Kraft. Hildegard zeigt dies am Beispiel des Nordwindes, dem sie, wie Heinrich Schipperges in seinen Erläuterungen zum *Liber divinorum operum* ausführt, »die Rolle des Widerspruchs und die Stelle Satans, des gefallenen Engels, zuweist. ... [Aber] auch der gefahrvolle Nordwind hat mit seiner mäßigenden und retardierenden Kraft eine heilsame Funktion. In der dienenden Ordnung und im stützenden Maß zeigt sich der Sinn der ganzen Schöpfung. Jedes Geschöpf hat seinen Rang, seinen Dienst und erfüllt seine Funktion«, fasst Schipperges Hildegards Ausführungen zusammen. Hier lohnt es sich, einen Moment innezuhalten. Jedes Geschöpf hat seinen Rang, seinen Dienst, seine Funktion. Das ist ein Satz, der für manch einen heutzutage gänzlich unakzeptabel zu sein scheint. Muss nicht jeder alles tun können dürfen? Bedeutet Partizipation nicht gewissermaßen ein Menschenrecht auf Machtteilhabe und Machtausübung? Wäre eine Teilhabe am Gesang der Chöre der Engel insofern nicht nur dann von Interesse, wenn wir damit auch ihrer Macht teilhaftig würden? Die Zuspitzung zeigt, wie weit wir uns heute in der Gesellschaft, aber auch in Teilen der Kirche von dem entfernt haben, was Hildegard als Schöpfungsordnung schaut. Aber sie ist überzeugt, dass die *humilitas*, der Mut zum Dienen, die Königin der Tugenden ist, die eigentliche Leitfigur jener himmlischen Kräfte, der Engel, die uns als lichte Geschwister an die Seite gestellt sind. Sie können uns dabei helfen, unsere eigentliche Berufung als Menschen neu zu entdecken: »Zusammen mit den Engeln sollte er [der Mensch] Sein Antlitz in jener Einheit loben, in der Er wahrer Gott und wahrer Mensch ist.« Die Engel führen den Menschen durch die Ausrichtung auf Jesus Christus letztlich zu ihrer Selbsterfahrung als von Gott ganz persönlich geliebte Geschöpfe. Dieses Erleben – von Herz zu Herz – lässt den Dank wie einen

Springquell emporsteigen und so das Gotteslob immer wieder neu erklingen.

Die Anziehungskraft des reinen Lebens

Wenn es so ist, dass wir die Verbindung mit den Engeln weitgehend verloren haben, sie aber gerne zurückgewinnen möchten, ohne dabei innerweltlichen Illusionen pantheistischer Natur zu verfallen, stellt sich die Frage, von wem eine notwenige Umkehrbewegung ausgehen könnte. Hildegard verweist im *Liber divinorum operum*, ihrem dritten Visionswerk, in dem sie die Erlösungsordnung entfaltet, auf diejenigen, die sich bewusst für ein Leben in Gottes Licht entschieden haben. In der zehnten Schau über das Ende der Zeiten beschreibt sie eine kommende Friedenszeit mit einer gerechten Lebensordnung. Was dort zu lesen ist, erinnert an eine Rückkehr zu den paradiesischen Ursprüngen der Menschheit: »In diesen Tagen werden liebliche Wolken mit zarter Luft die Erde berühren und sie von Grünkraft und Fruchtbarkeit überquellen lassen. Denn die Menschen werden sich alsdann ganz auf die Gerechtigkeit vorbereiten, die in dem erwähnten Zeitalter weibischer Schwäche der Erde gefehlt hat, da die Elemente verletzt durch die Sünden der Menschen, damals in all ihren Diensten in Unordnung geraten waren. Die Fürsten und das ganze übrige Volk werden Gottes Satzungen richtig anordnen. Alle Waffen, die zum Morden der Menschen angefertigt wurden, werden sie verbieten und nur solche Eisengeräte noch zulassen, die zur Kultur des Ackers gebraucht werden und überhaupt für den Nutzen des Menschen Verwendung finden ... Und wie dann die Wolken einen milden und rechten Regen für die Fruchtbarkeit des rechten Keimens entsenden, so wird auch der Heilige Geist den Tau Seiner Gnade mit Weissagung, Weisheit und Heiligkeit in das Volk gießen, sodass es, wie umgekehrt, einen anderen, guten Lebenswandel führt. Denn das alte Gesetz war der Schatten des geistlichen Lebens, da es noch gänzlich durch seine Geschöpflichkeit gekennzeichnet war. So liegt auch im Winter alle Frucht in der Erde verborgen und wird gar nicht gesehen, weil sie noch nicht ausgebildet ist. Und so hatte auch dieses Gesetz noch keinen Sommer, weil der Sohn Gottes noch nicht im Fleisch erschienen war. Mit Seinem Kommen aber ist die ganze Welt in die geistige Sinndeutung verwandelt worden, und alles zeigt die Frucht des ewigen Lebens aus den Geboten des Evangeliums, wie auch der

Sommer die Blüten und Früchte hervorbringt. In diesen Tagen wird aus Gottes Kraft heraus der wahre Sommer herrschen, weil dann alle in Wahrheit fest dastehen: Priester und Mönche, Jungfrauen und die sonst Enthaltsamkeit üben wie auch die übrigen Stände werden in ihrer Rechtschaffenheit dastehen, indem sie gerecht und gut leben und alle Üppigkeit und den Überfluss an Reichtümern abschütteln. Denn wie durch den Ausgleich der Wolken und der Lüfte die Lebensbedingungen für die Fruchtbarkeit alsdann eben geschaffen werden, so wird auch der Keim des geistlichen Lebens dann eben durch Gottes Gnade aufsprießen. Die Weissagung wird offenkundig sein, die Weisheit wird zart und kräftig und alle Gläubigen werden sich darin wie in einem Spiegel betrachten. Die wahren Engel werden dann den Menschen vertraulich anhangen, da sie bei ihnen den neuen und heiligen Wandel sehen, wo sie doch jetzt häufig vor ihnen ihrer stinkenden Laster wegen zurückschaudern.« In ihrer unvergleichlich schönen Verbindung von Beobachtung der menschlichen und der sie umgebenden Natur macht Hildegard deutlich: Ein Leben nach den Geboten Gottes ist ein natürliches, ein der menschlichen Natur gemäßes Leben. Und es zieht Engel ganz automatisch an. Wer sich zum Licht aufrichtet, am Licht ausrichtet, wird nach und nach ein durchlichtetes, ein heilendes

Licht ausstrahlendes Leben führen. Wir müssen Gott dafür, wie Hildegards Zeitgenosse, der heilige Bernhard von Clairvaux sagt, nur bis zu uns selbst entgegengehen.

In Verbindung bleiben

Wir haben heute ein hohes Bewusstsein dafür, wie wichtig es ist, in Verbindung zu bleiben. Die meisten von uns unternehmen keinen Schritt, ohne ihr Handy dabeizuhaben, und viele lassen es Tag und Nacht an, um ja keinen Anruf, keine Nachricht, kein Like auf Facebook, Twitter, Instagram oder einem der anderen sozialen Netzwerke zu verpassen. Papst Franziskus hat in einer Ansprache an Jugendliche zu Recht darauf hingewiesen, dass es eine weltverwandelnde Wirkung entfalten würde, wenn sie mit gleicher Akribie darauf achten würden, stets eine kleine Ausgabe des Neuen Testaments dabeizuhaben. Tatsächlich kann man, wie Hildegard in ihrem *Liber vitae meritorum*, an unseren Brüdern, den Engeln, ablesen, dass die Grundentscheidung für eine Bindung zu einem vollkommen anderen Leben führen kann, sehr viel lichter und leichter als das, was wir Tag für Tag führen. Denn genau dies ist es, was die guten Engel von uns unterscheidet. »Die Engel nämlich blieben in ihrer Liebe zu Gott treu, während der Mensch nach seinem Abfall von Gott durch die heiligen Werke erst wieder zur früheren Heiligkeit zurückversetzt werden musste.« Entscheidend für einen Wiederaufbau der »Standleitung« zu Gott ist die richtige Blickrichtung, die Ausrichtung auf ihn, die zur Aufrichtung des ganzen Menschen, zu seiner Heiligung führt. Vielen scheint dies schwer, gar unmöglich, weil ihnen der Gedanke abstrakt vorkommt. Woran denkt man, wenn man an Gott denkt? An ein höchstes Seinsprinzip, ein unendlich gutes, allmächtiges Wesen? Das ist gewiss verdienstlich, aber ist es auch machbar? Hildegards Gotteserfahrung, ihre Schau des lebendigen Lichtes wirkt nicht abstrakt, sondern persönlich. Zugleich aber schaut sie, genau wie die Engel, bewusst zum Licht auf, hält die Verbindung aufrecht, lässt sich nicht ablenken. Und es gibt einen guten Grund dafür, dass ihr und den Engeln gelingt, was auch uns möglich ist. Ein Blick in den ersten Teil von Hildegards *Liber vitae meritorum* zeigt, warum. Sie schreibt dort: »Die Gerechtigkeit erhält den Ruhm der Engel, die da brennen in der Liebe zu Gott, in den Höhen, und sie dauert an im Wollen und in der Glorie Gottes. Schauen doch die Engel Sein Antlitz immerdar. Immerfort sind sie Seines Willens gewärtig und weichen nicht ab von Gott.« Die poetische Sprache verdichtet eine heute vielfach vergessene Wahrheit. Wir treffen grundlegende Entscheidungen, die die Richtung unseres Denkens und Handelns bestimmen. Das, was wir tun, basiert auf Axiomen, deren Wirkmächtigkeit nicht geringer wird, wenn wir uns ihrer Aussagen nicht bewusst sind. Die Grundentscheidung der Engel ist die Orientierung an Gott. Und weil sie keine abstrakte ist, sondern weil sie sein Antlitz schauen, sind sie in beständiger Liebe zu ihm entbrannt. Gottes liebender Blick hat ihre Liebe entzündet. Mehr noch: Das beständige In-Verbindung-Bleiben der Engel mit ihm, der der Ursprung und die Quelle des Lebens und der Liebe ist, ist ein Gehaltensein in seinen Händen. Die Entscheidung der Engel für Gott und ihr Gehaltensein von ihm bedingen sich gegenseitig. Noch einmal: Wir müssen Gott nur bis zu uns selbst entgegengehen. Dieses Geheimnis des Bleibens bei Gott beinhaltet, wie Hildegard in der auf die Geschwisterlichkeit von Engeln und Menschen hin bezogenen Auslegung des »Gleichnisses von der offenbar gewordenen Liebe des Vaters, die jeden Widerstand überwindet«, deutlich macht, die Möglichkeit der Umkehr der Menschen. Sie ist durch das Schauen seines Antlitzes möglich, das uns in Jesus Christus unüberbietbar nahe gekommen ist und das sich im Alltag in einem Handeln zeigt, welches das beständige Verbundensein mit seinem Herzen offenbart.

Abwege, Konsequenzen und der Umkehrruf der Liebe

Je tiefer das Verbundensein mit Gott sich im Leben eines Menschen ausprägt, desto intensiver ist die Wahrnehmung der inneren Zusammenhänge der Schöpfung und der Verläufe des menschlichen Lebens und der Geschichte. »Warum-Fragen« werden seltener in einem Leben, das im Licht Gottes geführt wird. Ein praktisches Beispiel dafür ist die Corona -Pandemie. Sie wird von vielen als unverdientes Unglück erlebt, als überwältigender Einschnitt in einen Alltag, in dem wir davon überzeugt waren, alles im Griff zu haben. Wenn man genauer hinschaut, kann man diese Pandemie aber auch als Folge eines außer Kontrolle geratenen Selbstbewusstseins der Menschen deuten, die sich zu einer ungesunden Überhebung entwickelt hat. Denn dass eine Ausrottung von 85 % der Insekten und unzähliger Tierarten langfristig ohne Folgen bleiben würde, konnte man nur mit sehr fest geschlossenen Augen glauben, ähnlich einem Kind, dass sich die Hände vor die Augen hält und dann meint, es würde nicht mehr gesehen. Denn selbst, wenn man das geistliche Leben ganz außer Acht lässt und nur auf der praktischen Ebene bleibt, ist klar, dass, wenn so viele Tiere nicht mehr da sind, die Viren, die sie befallen, neue Wirte brauchen. Die Menschen bieten sich da an. Noch nie lebten so viele von uns auf der Erde. 56 % aller Menschen wohnen heute in Städten, oft ohne jegliche Verbindung mit den Rhythmen der Natur, und noch nie reisten so viele so uneingeschränkt von Ort zu Ort. Ein ideales Umfeld für einen Virus, ein Land der unbegrenzten Möglichkeiten. Die Pandemie war, wie ernst zu nehmende Wissenschaftler übrigens seit Jahren sagen, zu erwarten. Sie ist keine Strafe Gottes, sondern eine Konsequenz unseres Handelns. Und sie ist eine Folge dessen, dass wir uns von Gott abgewandt haben, in dessen Licht wir rechtzeitig zu erkennen in der Lage gewesen wären, dass dieser Weg, diese Lebensform, die auf dem Axiom der unbegrenzten Freiheit und des schrankenlosen Wachstums basiert, ins Nichts führen muss. Bei Hildegard liest sich dieser Zusammenhang so:

»Und ich hörte, wie sich mit einem wilden Schrei die Elemente der Welt an jenen Mann wandten. Und sie riefen: Wir können nicht mehr laufen und unsere Bahn nach unseres Meisters Bestimmung vollenden. Denn die

Menschen kehren uns mit ihren schlechten Taten wie in einer Mühle von unterst zu oberst. Wir stinken schon wie die Pest und vergehen vor Hunger nach der vollen Gerechtigkeit.«

»Ihnen antwortete der Mann: Mit meinem Besen will ich euch reinigen und die Menschen so lange heimsuchen, bis sie sich wieder zu Mir wenden. In der Zwischenzeit aber werde ich viele Herzen vorbereiten und hinziehen zu meinem Herzen. Mit den Qualen derer, die euch verunreinigt haben, will ich euch reinigen, sooft ihr besudelt werdet.«

Und sie fügt im Hinblick auf die Engel hinzu:

»In der Feuerwolke befindet sich eine große Schar von feurigen Lebewesen, die alle in der Einheit des Wollens und in ihrer einzigen Verbundenheit ein einziges Leben sind.« Hier lohnt es sich, kurz innezuhalten. Es ist offenbar die gemeinsame Ausrichtung auf Gott, die erhellend wirkt und eine tiefe Verbundenheit schafft, die ein vernunftgemäßes Leben ermöglicht. »Das bedeutet«, fährt Hildegard fort, »dass ein lebendiges, lichtsprühendes Heer seliger Geister in lohender Herrlichkeit und lebendiger Ehre flammt.« Mit anderen Worten: Wer auf Gott ausgerichtet ist, erhält von ihm her seine lebendige Strahlkraft. »Ihre Glorie ist unaussprechlich. Ihre Zahl ohne Zahl; niemand kann sie kennen, da nur Gottes

Wissen davon weiß. Alles, was Gott will, wollen auch sie, und so innig sind sie miteinander verbunden, wie der Leib, der nicht geteilt werden kann. Und wenn auch alle einzeln ihr eigenes Antlitz tragen, so sind sie doch eins in ihrer Verbundenheit, wie auch der Leib zwar einzelne Glieder besitzt, dennoch aber ein Leib bleibt. So sind sie ein einziges Leben durch die Einheit der Gesinnung.« Wissenschaftler würden in einem solchen Zusammenhang von Schwarmintelligenz sprechen und Beispiele wie die von den Vogelschwärmen anführen, die gemeinsam auf ein Ziel ausgerichtet, weite Strecken überwinden und sich wie ein einziger Organismus bewegen, was man am Himmel zur Zeit des Vogelzuges sinnfällig beobachten kann. An dieser Stelle ist es wiederum interessant, daran zu erinnern, dass der Verlust der Verbindung mit der Natur – wie viele Menschen beobachten heutzutage den Vogelzug und sind sich bewusst, an welchem Tag welche Vögel aufgebrochen sind, um dem eisigen Winter zu entgehen, oder welche Rückkehrer den nahen Frühling ankündigen – auch den Verlust der Verbindung mit den Engeln und in der Konsequenz mit Gott zur Folge hatte. Und es ist gleichermaßen interessant, dass die Rückkehrbewegung nicht an runden Tischen mit Diskussionspapieren, sondern, wie es Papst Franziskus in seiner Enzyklika auf den Punkt bringt, im *Laudato si*, im sich in das Gotteslob der Natur einschwingenden Lobpreis des Schöpfers realisiert.

Das Ganze im Blick haben

Die Engel schauen, weil sie ganz auf Gott ausgerichtet sind, nicht nur sein Licht, sondern sehen in seinem Antlitz auch seine Reaktionen auf unser Handeln widergespiegelt, so wie wir auch bei einem geliebten Menschen an den Regungen seines Gesichtes sehen können, wie er auf Gutes und weniger Erfreuliches in seiner Umgebung reagiert. Bei Hildegard liest sich dies so: »Vor dieser feurigen Schar ist eine Tafel ausgebreitet, über und über besetzt mit Federn, die nach Gottes Verheißung ihren Flug nimmt, so wie Gottes Geheiß sie trägt. Hier liegt das Geheimnis, das die Fülle der göttlichen Entscheidungen in sich birgt. Es wird nach Gottes Willen vorgestellt, soweit Gottes Wollen es offenbaren will. Auf diese Tafel schrieb das Wissen Gottes manches Geheime auf, das diese Schar nun in einmütiger Begeisterung anschaut. Denn Gott hat in seiner geheimnisvollen Vorsehung noch andere geheimnisvolle Entscheidungen, welche die seligen Geister mit höchster

Aufmerksamkeit erwarten. Wenn Gott nämlich sieht, dass die Menschen Götzenbilder verehren oder auf andere Weise Sein Gesetz übertreten, dann erregt Er durch die feurigen Gesichte der höchsten Himmelsbürger, die in Liebe zu ihm entbrennen, immer wieder von Neuem die Flügel der Winde und schickt Blitz und Donner auf die Erde. Er setzt die Völker mit Hungersnöten, Krankheiten und Kriegszügen in Schrecken, und so bringt Er dem ganzen Erdkreis entsetzliche Katastrophen.« Die Botschaft, die Hildegard hier verkündet, ist klar strukturiert. Abwendung von Gott bringt die Ordnung der Schöpfung durcheinander und das hat Folgen. Interessant aber ist die Reaktion der Engel auf das, was sie sehen. Man würde ja normalerweise erwarten, dass sie beim Anblick der Handlungsfolgen, die die Menschen über sich gebracht haben, die Hände über dem Kopf zusammenschlagen und eine Weile lautstark lamentieren. Hildegard aber schaut dies: »Beim Anblick dessen, was auf dieser Tafel geschrieben steht, erfasst die Engel Gottes Kraft so sehr, dass sie wie in einem einzigen mächtigen Posaunenstoß jede Art von Musik, wie mit einer Stimme, laut ertönen lassen. Indem sie sich nämlich in Gottes Willen versenken, empfangen sie aus Gottes Kraft die Fähigkeit, in der Macht und Fülle aller Freuden einmütig Gottes Lob zu verkünden. Denn mit jeder Entscheidung Gottes

bringen sie nichts anderes zum Ausdruck als Gottes Lob.«
Der Ausweg aus jeglicher Art von Krisen und Unglück ist, schaut man sich unsere Geschwister, die Engel an, der Blick in Gottes Antlitz, das Sicheinschwingen in seinen Willen. Aus dieser Grundhaltung heraus strömt uns dann die Kraft zu, ihn zu loben. Er richtet uns auf, wenn wir uns auf ihn ausrichten.

Lichtwesen
strahlendes Netzwerk
des Lebens
das
zur Weggeschichte
wird
hinweisend
auf den
der
ewig
unwandelbar
alle
an sich
zieht

»OHNE ENGEL WÄRE DIE WELT KOPFLOS«
EIN STREIFZUG DURCH DIE GESCHICHTE DER ANGELOLOGIE

Die Vorstellung von Engeln, Dämonen, Schutzgeistern oder Naturwesen gibt es in allen Religionen. Ob es Elija war, dem ein Engel in der Wüste Mut zusprach und etwas zu essen brachte, Jesus, den ein Engel im Garten Gethsemane stärkte – überall finden wir Berichte über die Spur jener lichten Wesen, die keineswegs immer ihre Flügel zu haben scheinen. Denn wie sonst sollte man sich den Traum Jakobs erklären, bei dem Engel eine Leiter benötigen, um zwischen Himmel und Erde auf- und niederzusteigen. Ob als Genius einen Menschen sein Leben lang begleitend, als morphogenetische, also gestaltbildende Felder mit Bewusstsein und

Gedächtnis, wie der Theologe Matthew Fox sie in den letzten Jahren propagiert, als selbstdenkende Systemtheorie oder metaphysische Fledermäuse, die als bloßes Gedankenkonstrukt anzusehen sind – Engel sind ein lebendiger Teil spiritueller Erfahrungsräume für Menschen aller Jahrhunderte in den verschiedensten Kulturen.

Die Engellehre des Judentums entwickelte sich in ihrer ganzen Vielfalt nach dem babylonischen Exil in Auseinandersetzung mit den Ideen Zoroasters. Galten sie zuvor primär als Boten, was auf Griechisch angelos heißt und zu unserem Wort Engel geworden ist, und repräsentierten in ihrer Botschaft Gott selbst, führte die Begegnung mit den außerjüdischen Engelvorstellungen zu einer Vervielfältigung der Engel. Neben den guten nahm man nun verstärkt auch die gefallenen Engel wahr. Dementsprechend nahm die Auseinandersetzung zwischen Engeln und Dämonen einen größeren Raum ein. Auch der Gedanke des persönlichen Schutzengels entwickelte sich, soweit es in den Quellen nachvollziehbar ist, in dieser Zeit und hat seine Wurzeln ebenfalls im außerbiblischen jüdischen Schrifttum. Im Neuen Testament überwiegen bei den Engeldarstellungen wieder die Botenrolle und die Deutefunktion des Engels. Er ist es, der den Menschen, wie z. B. dem Apostel Petrus, klarmacht, was sie tun sollen – beispielsweise auch Heiden in ihre Reihen aufnehmen. Ein entscheidender Unterschied zwischen den Engelbegegnungen des Alten und Neuen Testamentes ist die Erkennbarkeit des himmlischen Wesens. Waren sich die Menschen des Alten Testamentes oft unsicher, ob es sich bei ihrem Gegenüber um einen Menschen oder einen Engel handelte, weshalb sie ihm, wie z. B. Gideon, zuerst einmal etwas zu essen anboten, waren die Engelerscheinungen des Neuen Testamentes überwältigend und den Menschen war sofort klar, dass sie es mit einem Vertreter der himmlischen Heerscharen zu tun hatten. Flügel erhielten sie in den künstlerischen Darstellungen dennoch erst seit dem 5. Jahrhundert. In der ersten christlichen Engeldarstellung aus dem 2. Jahrhundert in der Priscillakatakombe tragen die Engel noch die normale antike Alltagstracht.

Wenn ihr nicht werdet wie die Engel kommt ihr nicht in das Himmelreich

Die Engellehre der Kirchenväter der Spätantike ist auf dem Hintergrund der Auseinandersetzungen zwischen antiken Religionen, Philosophie und Christentum zu sehen. Da manche philosophische Ideen, wie z. B. die vom welterschaffenden Logos, aus dessen wirksamer Vernunft den platonischen Ideen entsprechende Einzellogoi hervorgingen, die man mit Sternengeistern oder Engeln gleichsetzen konnte, dem Christentum durchaus verwandt waren, bemühte man sich um deren Integration. Manch ein zunächst Erfolg versprechender Versuch wurde später von der Kirche verurteilt. So ging zum Beispiel Origines mit seiner Idee von der Erschaffung aller vernunftbegabten Wesen als gleich, rein und immateriell zu weit. Denn er zog daraus die Schlussfolgerung, dass die Menschen, weil sie einen Körper haben, dadurch bewiesen, aufgrund mangelnder Liebe von Gott abgefallen zu sein. Unter ihnen stünden nur noch die Teufel, die einen noch dichteren Leib hätten. Verurteilt wurde seine Lehre allerdings deshalb, weil Origines überzeugt war, auch die Dämonen könnten sich bekehren und am Ende würden alle Geschöpfe wieder zu Gott zurückkehren. Die Sympathien, die die Leser Origines entgegenbrachten, waren im Laufe der Zeit unterschiedlich verteilt. Seine Orientierung an der geistigen Welt, die sich mit einer Abwertung der irdischen Wirklichkeit verbindet, zog immer wieder viele an, erregte aber auch ebenso regelmäßig berechtigten Widerspruch, ist doch die Schöpfung und mit ihr die Körperlichkeit des Menschen das gute Werk Gottes. Hinsichtlich der Umkehrmöglichkeit für die gefallenen Engel scheint die Sympathie für diesen Gedanken in den letzten Jahrzehnten besonders gewachsen zu sein. Dass Engel und in der Folge auch Menschen die Freiheit haben, sich endgültig gegen Gott zu entscheiden und Gott diese Entscheidung ernst nimmt, wird kaum noch vermittelt. In dieser Rezeption spiegeln sich die Folgewirkungen des Axioms der Freiheit, das unserer Gesellschaft als Ganzer zugrunde liegt. Sich immer wieder je neu für etwas entscheiden zu können gilt als Ideal des freien und aufgeklärten Menschen. Tatsächlich aber ist diese Form von Freiheit unmöglich. Denn jede Entscheidung hat Folgewirkungen, die, ob uns dies bewusst ist oder nicht, Bindungen erzeugen. Entscheidungen geben unserem Leben deshalb immer eine bestimmte Richtung und einige von ihnen sind nicht mehr umkehrbar. Deshalb hat die Kirche diese Lehre des Origines zu Recht für häretisch erklärt.

Augustinus räumt in Bezug auf die Engel ein, sich mit deren Vielfalt und Funktion wenig auszukennen. Allerdings schrieb er in seinem Werk über den Gottesstaat als Erster einen Gedanken nieder, der im Mittelalter von großer Wichtigkeit sein würde, dass nämlich die Menschen berufen seien, durch ihr Gotteslob den Platz jener Engel einzunehmen, die sich von Gott abgewandt hätten. Unter einem engelgleichen Leben verstand der Kirchenvater jene spezielle Mischung aus sexueller Enthaltsamkeit und Askese, die das ganze Mittelalter hindurch die Ansicht unterstützte, das Mönchsleben sei verdienstvoller als das eheliche. Im Leben und in den Regeln der Mönchsväter spielen Engel als Ratgeber und Lebensbegleiter eine wichtige Rolle. Ihre Gegenwart wahrzunehmen soll helfen, in wachem Bewusstsein für die Gegenwart Gottes zu leben und offen für seinen Anruf zu sein.

Die Chöre der Engel und der eingefrorene Satan

Der bedeutendste Beitrag zur Engellehre des Frühmittelalters stammt von Dionysios Areopagita, der, wie Petrus Abaelard zum Missfallen seiner Mitbrüder in St. Denis konstatierte, keineswegs ein Schüler des Apostels Paulus gewesen sein kann. Dessen Werk über die Hierarchie der Engel, die er als rein geistige Wesen mit je besonderen Aufgaben ansah, prägte die Theologie Papst Gregors d. Gr. ebenso wie die Hildegards von Bingen. Allerdings übernahmen beide nicht die Einteilung der neun Engelchöre in Gruppen zu drei Mal drei, sondern teilten sie in zwei, fünf und zwei Chorgruppen ein. Das Visionsbild der Engelchöre aus dem *Liber scivias* der Hildegard von Bingen zeigt dagegen die bei Dionysios und seinem Übersetzer Johannes Scotus Eriugena propagierte Dreiteilung. Im 12. Jahrhundert entwickelte sich auch in der jüdischen Theologie eine differenzierte Engellehre, deren wichtigster Vertreter, Maimonides (1135–1204), davon überzeugt war, dass die Engel für die prophetischen und visionären Erfahrungen der Menschen verantwortlich seien. Ein Gedanke, der Sinn macht, scheint es doch folgerichtig, dass die Engel als unsere lichten Geschwister unsere Wahrnehmung für die geistige, für ihre Wirklichkeit öffnen. Neben Maimonides rationalistischer Engellehre entstanden die mystischen Spekulationen der Kabbala, deren Baum der Engel den Aufstieg zu Gott durch die Befolgung geheimer Riten verspricht. Thomas von Aquin (~1225–1274) glaubte aufgrund vernünftiger Überlegung an die Existenz der Engel. Da es neben den Menschen Wesen, konkret Tiere und Pflanzen, gibt, die keinen Intellekt haben, folgerte er, dass es auch solche geben müsse, die über mehr Einsicht verfügen müssten. Ihre weiteste Verbreitung fand die scholastische Engellehre in der literarischen Verarbeitung in Dantes *Göttlicher Komödie*, deren einprägsame Bilder den aufgrund seiner Hybris auf die Erde gestürzten Satan am toten Punkt des Kosmos mit eingefrorenem Hinterteil in einer eisigen Höhle festsitzen lassen.

Die Entzauberung der Theologie: Engel in Reformationszeit und Aufklärung

Da Engel in der Bibel in großer Zahl vorkommen, gab es für die schriftorientierten Reformatoren keine Zweifel an deren Existenz. Martin Luther hielt sie für Mitwirkende an Gottes Schöpfung und Wegbegleiter der Menschen. Ihre Verehrung oder eine den Heiligen ähnliche Mittlerrolle in der Beziehung zu Gott lehnte er jedoch entschieden ab. Calvin bestand ebenfalls darauf, dass die Engel den Menschen von Gott als Schutz gegeben sind. Die frühaufklärerische Ansicht, sie seien lediglich ein symbolischer Ausdruck für göttliche Eingebungen, lehnte er entschieden ab und auch mit den Spekulationen des Thomas von Aquin konnte er wenig anfangen. Eine große Rolle spielten in Luthers Leben die bösen Geister und der Satan. Gegen ihn kämpfte Luther sein ganzes Leben lang. Die drohende Verdammnis nahm der Reformator sehr ernst und hielt sie für ein notwendiges Mittel zur geistlichen Erziehung. In der persönlichen Frömmigkeit der Protestanten spielte der Glaube an Schutzengel eine bedeutende Rolle. Paul Gerhard verweist in seinen Liedtexten immer wieder auf sie und schließlich widmeten sich auch einige protestantische Theologen wieder der Angelologie, so der Heidelberger Professor Girolamo Zanchi, der als größter protestantischer Engelkenner gilt, Cromwells Theologe Richard Baxter, der anglikanische Bischof Joseph Hall und der Gründer der methodistischen Kirche John Wesley (1703–1791). Im 19. Jahrhundert galt die Beschäftigung mit Engeln unter den Theologen dagegen als probates Mittel, sich schnellstmöglich in Misskredit zu bringen. Der Kirchenhistoriker Carl August von Hase (1800–1890) vertrat die Ansicht, die Engel seien durch die Spekulationen der Scholastik zu »metaphysischen Fledermäusen« geworden, Karl Barth begnügte sich wie viele seiner Kollegen mit einer »Angelologie des Achselzuckens« und Friedrich Schleiermacher (1768–1834) war überzeugt, dass die Existenz von Engeln für den Glauben an sich bedeutungslos und die biblische Rede von Dämonen lediglich eine Metapher sei.

Der Endkampf der Engel

Mit dem Einsetzen der Visionen der Innsbrucker Hausfrau Gabriele Bitterlich beginnt ein mit großer Vorsicht zu betrachtender Abschnitt der Engelgeschichte. Die Visionärin behauptet, 400 Engel namentlich kennengelernt zu haben, mit deren Verehrung man sich vor den all überall waltenden Dämonen schützen könne. 243 von den Letzteren behauptet sie ebenfalls namentlich zu kennen und warnt vor allem vor deren schädlichen Strahlen, die sich in gefleckten schwarzen Katzen und Hennen, Schweinen, glatthaarigen Hunden, Schmeißfliegen, Ratten und Schlangen manifestierten. Frauen, die eine Fehlgeburt erleiden, sind laut Bitterlich von Dämonen besessen, die alle ihre spezielle Zuständigkeit haben. So gibt es einen für die Malträtierung von Journalisten zugelassenen Dämon und einen, der auf jüdische Geschäfte spezialisiert ist. Bei so menschenverachtenden Lehrinhalten ist es erstaunlich, dass das Opus Angelorum Priester, Ordensfrauen und Laien zu seinen Anhängern zählt, die sich der Mühe unterzogen haben, die 80 000 Manuskriptseiten der Visionen ihrer Gründerin zu lesen, sich sämtliche Engel von Alphai, zuständig für den 1. Januar, bis Edomiel, zuständig für den 31. Dezember, zu merken sowie das

Schutzengelversprechen, die Schutzengelweihe und die dreistufige Sühneweihe zu vollziehen. Dies gilt umso mehr, als Joseph Ratzinger, damals noch Kardinal und zuständig für die Glaubenskongregation am 6. Juni 1992 ein Dekret publizierte, in dem eindeutig festgestellt wird: »Die für das Engelwerk typische Engellehre und gewisse daraus abgeleitete Praktiken sind der Heiligen Schrift und der Tradition der Kirche fremd und können daher nicht als Grundlage für Spiritualität und Tätigkeit von Vereinigungen dienen, die kirchlich approbiert sind.« Sowohl die Engelweihen als auch die Fernspendung von Sakramenten oder das Lehren gemäß den »Offenbarungen« von Frau Bitterlich sind verboten. Ein Sektenbeauftragter der katholischen Kirche, der auch die Familien der vom Engelwerk Geschädigten betreut, stuft das Opus Angelorum als fundamentalistische Vereinigung ein. Am 7. November 2008 wurden die zwischenzeitlich erneuerten Statuten des Werkes kirchlich anerkannt. Zuvor war am 31. Mai 2000 das neu formulierte Gebet zur Engelweihe approbiert worden. Ob sich die Mentalität und die Lehrinhalte des Werkes tatsächlich grundlegend gewandelt haben, ist jedoch fraglich. Was der heilige Bonifatius dazu sagen würde, dass eine Lehre, die er selbst bei seinem Zeitgenossen, dem Missionar Aldebert, mit allen Mitteln bekämpft hat, sich nun wieder offiziell

Ausdruck verschaffen darf, wäre eine spannende Frage für einen Zeitreisenden.

Diplomatie auf höchster Ebene

Angesichts der Tatsache, dass Engel in der Theologie seit dem 19. Jahrhundert kaum noch eine Rolle spielen, werden nun Gläubige aller Stände zu Sprachrohren der himmlischen Wesen. Die heiliggesprochene Emma Galgani (1878–1903) pflegte einen lebendigen Gesprächskontakt mit ihrem Schutzengel. Therese Neumann (1898–1962) von Konnersreuth erhielt ebenso wie Padre Pio (1887–1968) von ihrem Schutzengel Informationen über die innere Befindlichkeit der Menschen, die sie besuchten. Die Päpste Pius XI. und Johannes XXIII. berichteten freimütig darüber, dass sie sich von ihrem Engel in kirchenpolitischen Fragen beraten ließen, und sie baten, vor schwierigen Auseinandersetzungen mit den Schutzengeln der jeweiligen Verhandlungspartner Kontakt aufzunehmen, was oftmals zu vorher undenkbaren Klärungen verzwickter Sachverhalte geführt habe. Eine Idee, die auszuprobieren angesichts weltweiter Konflikte unbedingt lohnenswert erscheint.

Wie weit
muss der Raum
sein
den Du
Maria
in Dir
schufst,
damit
Er,
der den
Engel
sandte,
dort
Platz fand?
Weit offene
Ohren
mit Freude
hörend,

aufmerkende
Augen
und Hände,
ganz sanft,
hingehalten
dem Wunder,
das leise
inmitten des Alltags
Dich traf.
Begegnung
von Gott
zu Mensch,
der Engel
ein Bote
der zwischen
den Welten
zuhause
ist.

Die Aufklärung, das leere Weltall und die Sehnsucht nach Licht

Wenn man heute im Internet nach dem Gebet »Heiliger Erzengel Michael, steh' uns bei im Kampf« sucht, findet man es sofort auf katholisch.de. Dort steht es im Rahmen eines Interviews mit dem Theologen Johann Evangelist Hafner, der als Experte für Engel gilt und in dem er ausführlich erklärt, warum man dieses Gebet lieber nicht beten sollte. Auf die Frage »Glauben Sie, dass es Engel überhaupt gibt?«, antwortet Hafner: »Ich glaube nur an den dreifaltigen Gott. Im Mittelalter hat man an Engel geglaubt.« Diese Abgrenzung zu einem als rein intellektuell definierten Forschungsgegenstand ist in den letzten 50 Jahren in Deutschland typisch für den Umgang von vielen Theologen mit dem Thema geworden. Die Theologie hierzulande versteht sich als aufgeklärt. Das schließt die Sicht der Schöpfung als eine Art gut funktionierende Maschine, deren Rädchen man mithilfe wissenschaftlicher Methoden untersuchen, auseinandernehmen und wieder zusammensetzen kann zwar nicht ausdrücklich, aber vielfach doch unausgesprochen ein. In einem solchen Weltbild haben Engel keinen Platz.

Es sei denn als »logische Strukturen, die auch dann bestehen, wenn keiner sie denkt«, wie Johann Evangelist Hafner sie definiert. Aber logische Strukturen haben einen entscheidenden Nachteil. Sie sind von rein intellektuellem Interesse, schöne Gedankenspiele, an denen man sich erfreuen kann, wenn im Alltag alles in Ordnung ist und man sonst nichts zu tun hat. Aber sie helfen einem in der Not definitiv nicht. Und das hat einen guten Grund. Denn logische Strukturen sind zwar klar und eindeutig, aber sie haben kein Gesicht und es fehlt ihnen noch etwas Entscheidendes: Empathie. Und deshalb lässt die brillante Idee von den Engeln als Abbild der Systemtheorie von Niklas Luhman die Herzen derer, die sich nach Licht sehnen, auch kalt und leer zurück. Vergleicht man diesen Ansatz mit der Botschaft, die die Namen der drei bekanntesten Erzengel vermitteln, wird der Unterscheid noch deutlicher. Michael bedeutet: »Wer ist wie Gott«, Raphael heißt übersetzt: »Gott heilt«, und Gabriel: »Meine Kraft ist Gott.« In all diesen Bedeutungen kommt zum Ausdruck, was die Engel auszeichnet: ihre intensive, ununterbrochene Beziehung zu Gott. Diese Ausrichtung ist es, die uns ahnen lässt, wie Gott ist, die uns heilt und uns Kraft gibt. Strukturen können viele nützliche Eigenschaften haben. Sie können einem Unternehmen zu Effizienz verhelfen, sie können die Grundlage für reibungslose Abläufe und ein gutes Miteinander sein. Aber sie können all das nicht garantieren. Denn Strukturen sind Ordnungen, die von Menschen geschaffen werden. Deren Handeln aber richtet sich nicht in jedem Augenblick nach dem, was die entsprechenden Ordnungen vorsehen. Keine noch so gute Ordnung kann garantieren, dass das menschliche Miteinander funktioniert. Die dafür je neu notwendige Korrektur kann aber durchaus durch Engel erfolgen, die immer wieder helfen, uns, wie sie, auf Gott auszurichten, unser Handeln, so wie Hildegard es vorgelebt hat, in seinem Licht zu betrachten. Diese persönliche Beziehungsebene, bei deren Erhaltung die Engel uns so wirksam unterstützen können, ist durch kein noch so gutes Programm, keine Idee, keine Struktur zu ersetzen. Sie ist der einzige Weg zum Heil. Dass die Engel aus der Theologie beinahe verschwunden sind, ist letztlich die Folge einer zuende gedachten Protestantisierung. Gottunmittelbar zu sein, darauf zu bestehen, keine Hilfe von Engeln und Heiligen zu benötigen, ist aber inhuman. Denn es setzt bei uns Menschen eine Stärke und eine Fähigkeit, ganz allein zurechtzukommen, voraus, die uns einfach nicht gegeben ist. Menschen sind auf Gemeinschaft hin angelegt. Und das gilt nicht nur für den irdischen, sondern auch für den himmlischen Bereich. Die unmittelbare, gänzlich unvermittelte Gottesbeziehung hätte, logisch weitergedacht, übrigens zur Folge, dass wir auch keine Kirche brauchen. Denn letztlich sind die Engel, in deren Chöre wir einst einzustimmen berufen sind, und die Heiligen Teil der ewigen, über die Zeiten hinweg wirkenden Kirche. Wenn wir ihre lichtstarke Wirklichkeit aus unserem Leben ausblenden, sehen wir definitiv weniger weit. Und wir reduzieren die Kirche auf ihre gegenwärtig wahrnehmbare Gestalt. Die aber kann, weil ihre Schönheit von unserem Tun und Lassen abhängt, nie so leuchtend sein wie die des mystischen Leibes der Kirche als Ganze. Deshalb ist die Ausblendung der Engel und Heiligen das größte Verlustgeschäft der letzten Jahrzehnte, denn sie hat letztlich zu einer Reduzierung unsrer Beziehungen zur geistigen Welt geführt, deren Konsequenz eine Schwächung der Gottesbeziehung war, die zu stärken jene, die für einen geringeren Stellenwert von Engeln und Heiligen eingetreten waren, eigentlich hatten vermeiden wollen.

Schutzraum
lichtgolden
bergend
erlebbar
am Tor zur Dunkelheit
Schlangen
stehen hier keine

Lichtspuren und Irrwege

Nachdem die Engel aus dem kirchlichen Leben fast verschwunden zu sein scheinen, aber gleichwohl immer da und immer wirksam sind und zudem für ein gelingendes Leben dringend gebraucht werden, verwundert es nicht, dass ihre Spuren weiterhin wahrgenommen werden. Ob es sich bei den Zeugnissen über die Begegnung mit Engeln immer um wirkliche Begegnungsgeschichten handelt, kann man nicht immer mit letzter Sicherheit beurteilen. Misstrauen ist sicherlich immer dann angebracht, wenn die selbsternannten Engelmedien aus ihrer vorgeblichen Erfahrung ein florierendes Geschäftsmodell machen. Nicht selten entstehen dann Abhängigkeiten zwischen sinnsuchenden Klienten und geschäftstüchtigen Medien, die weniger himmlische Botschaften als vielmehr das vermitteln, was ihre Kunden gerne hören möchten. So empfiehlt beispielsweise Doreen Virtue in ihren Engelbüchern leichthin die Trennung vom Ehepartner, wenn der persönliche Engel einem Lust auf einen neuen macht, und die junge Schweizerin Christina von Dreien erweckt in ihrer Engellehre den Eindruck, die von ihr so genannten Läufer-Engel könnten auf unsere Bitten hin zuverlässig Staus auf der Autobahn beseitigen. Lorna Byrne teilt ihre vielfarbige Wahrnehmungsform der Engel seit Jahren mit einer breiten Öffentlichkeit. Ihre Schilderungen machen nachvollziehbar, was sie sieht, ohne dass Byrne theoriebildend wirkt oder ins Esoterische abgleitet. Anselm Grün präferiert in seinen Engelbüchern einen Zugang, der Verbindungslinien zu Hildegard von Bingens Konzept der Kräfte aufweist. Er schildert den Engel der Freude, den Engel der Zuversicht, der Hoffnung, der Liebe und schafft so neue Zugänge zur lichten geistigen Wirklichkeit der Engel.

Lichte Materie
durchsichtig greifbar
staunend wahrnehmbar
lichthell und klangvoll
heiligend nah
hörbar, verstehbar
eindringlich sendungsvoll
will man sie halten
sind sie nicht mehr da
scheinbar
in Wirklichkeit
sichtbar im Dunkelhell
horchender Hoffnung
auf Fülle des Lichts

»FÜRCHTE DICH NICHT«
HILDEGARD UND DIE ENGEL IN DER HEILIGEN SCHRIFT

Wenn man sich anschaut, wie Hildegard mit jenen Schriftstellen umgeht, in denen Engel vorkommen, fällt vor allem eins auf: Sie behandelt die dort aufscheinenden Lichtwesen als einen Bestandteil der sie umgebenden Wirklichkeit. Es gibt bei ihr keine Debatten darüber, wie diese Stellen zu verstehen seien, noch wird die Existenz der Engel an irgendeiner Stelle in Zweifel gezogen. Ihre Wahrnehmung ist vielmehr Teil jener Lichterfahrung, die von frühester Kindheit zu Hildegards Erleben gehört. Von Hildegard kann man lernen, die Welt der Engel als selbstverständlichen Bestandteil der Schöpfung zu betrachten. Dies kann auch dann aufschließend wirken, wenn man sie – zumindest im Augenblick – weder sieht noch spürt. Allein zu wissen, dass es sie gibt, dass Gott sie, wie uns, geschaffen hat, wirkt wandelnd. Es kann zu einer neuen Art der Lektüre der Heiligen Schrift einladen, zu einer, die offen ist für das Wunder, die staunend die Vielschichtigkeit, Vielfarbigkeit, die lichte Qualität dessen wahrnimmt, was uns umgibt.

Die historisch kritische Exegese hat zahlreiche wichtige Erkenntnisse gebracht. Wir haben viel gelernt über die Umstände, in denen einzelne Textteile entstanden sind, darüber, wie die Menschen damals gelebt haben, was ihr Denken prägte und ihr Handeln leitete. Aber der Zweifel, die skeptische Grundhaltung, die in den letzten Jahrzehnten im Hinblick auf den Umgang mit der Heiligen Schrift herrschte, hat hier und da auch zu Schlussfolgerungen geführt, die weder zwangsläufig noch zielführend sind. Erzählungen über Wunder oder die Begegnung mit Engeln grundsätzlich für Bildrede zu halten ist ein möglicher Standpunkt. Aber es ist nicht der einzige. Und vielleicht ist es an der Zeit, gerade auch im Blick auf das für die lichte Welt der himmlischen Geister offene Erleben vieler Heiliger, die Begegnung mit den Engeln neu zu wagen.

Menschen und Engel sind in Hildegards Weltbild Gefährten, mehr noch, Geschwister. Dass dieses Bild, das sie, wie weiter oben erwähnt, anhand des Gleichnisses vom verlorenen Sohn, seinem barmherzigen Vater und dessen offenbar gewordener Liebe erklärt, mehr als passend ist, hat auch damit zu tun, dass das Verhältnis zwischen Geschwistern nicht immer leicht und unkompliziert ist. Viele sind eng miteinander verbunden, haben regelmäßig Kontakt. Aber manche haben sich auch aus den Augen verloren. Bei den einen steht Abstand im Alter und an Erfahrung einem tieferen Verständnis im Weg, andere sind sich einfach zu ähnlich, um gut miteinander auszukommen. Doch weder das eine noch das andere muss so bleiben, wie es ist. Und das gilt auch für die Engel. Wir können uns eingeladen fühlen, sie als unsere Geschwister sehend, ein Gespür für ihre Gegenwart zu entwickeln.

Spurensuche

Gibt man das Stichwort Engel in die Suchmaske der Onlineausgabe der Einheitsübersetzung von 2016 ein, erhält man 274 Treffer. Das scheint sehr wenig zu sein, wenn man bedenkt, wie viele Engel es in der Schöpfung geben muss. Der Grund für die geringe Anzahl an Fundstellen liegt in der Terminologie. Nicht jeder Engel, der in der Heiligen

Schrift in Erscheinung tritt, heißt auch so. Mitunter werden unsere himmlischen Geschwister auch einfach als Boten bezeichnet. Das ist kein Zufall, denn genau dies ist die Übersetzung des griechischen Begriffes Angelos. In der theologischen Forschung wurde viel Mühe darauf verwandt, die Verwendung der unterschiedlichen Termini für die Lichtwesen der geistigen Welt zu systematisieren und aus den diversen Formen ihrer Verwendung Erkenntnisse zu ziehen. Aber vielleicht geht es ja gar nicht in erster Linie darum, welcher Begriff verwendet wurde. Denn so spannend dies für den forschenden Geist auch sein und wie befriedigend die auf diese Weise erzielte kategoriale Ordnung auch erscheinen mag – für das geistliche Leben ist all dies eher weniger bedeutsam. Deshalb soll die Spurensuche nach den Engeln in diesem Buch unter einem anderen Blickwinkel erfolgen. Aufbauend auf Hildegards Schau, auf ihrer Wahrnehmung der Engel soll anhand einer Reihe von Beispielen geprüft werden, in welchem Verhältnis ihre Angelologie zur Heiligen Schrift steht. Genauer gefragt: Lässt sich ihr Gedanke von den uns als lichte Geschwister beigegebenen Engeln dort wiederfinden, gibt es Spuren von als Tugendkräfte in Erscheinung tretenden Engeln im Alten oder Neuen Testament und welche Rolle spielt ihre Schau der Gott lobenden Engel in der Heiligen Schrift? Diese Fragen zu stellen erscheint logisch. Denn Hildegard ist eine monastische Theologin, bei der die genaue Kenntnis der Texte der Heiligen Schrift vorausgesetzt werden kann und für die deren immer wieder neue, vertiefende Betrachtung selbstverständlich ist.

Am leichtesten werden wir bei einem solchen Vergleich fündig, wenn wir mit offenen Augen nach Engeln suchen, die wie Geschwister oder wie sehr gute Freunde agieren. Wenn man die übliche Rivalität der Kinder eines Vaters einmal außer Acht lässt, zeigt sich als herausragendes Merkmal von Geschwisterlichkeit und Freundschaft, dass man sich auf Brüder, Schwestern und Freunde im Idealfall verlassen kann. Sie sind einfach da, wenn man sie braucht. Sie sagen uns ein gutes Wort, bringen unkommentiert einen Kuchen oder ein gutes Buch vorbei oder sorgen dafür, dass wir nach einer viel zu langen Zeit am Schreibtisch mal wieder einen ordentlichen Spaziergang machen. Und ein Weiteres kommt hinzu. Geschwister und Freunde kennen einen gut, manchmal sogar besser, als man sich selbst kennt. Dies und die Tatsache, dass ein ehrlicher Umgang miteinander – ebenfalls den Idealfall vorausgesetzt – selbstverständlich sein sollte, macht Brüder, Schwestern und Freunde zu denjenigen, die einem, wenn es nötig ist, sagen, wo es langgeht, wenn wir uns verlaufen haben. Genau diese Verhaltensweisen sehen wir auch bei den Engeln in der Heiligen Schrift. Da ist der Prophet Elija, der, vollkommen ausgelaugt auf dem Weg zum Gottesberg Horeb ist (1 Kön 19). Elija kann nicht mehr. Er sagt zu Gott: »Nun ist es genug, Herr. Nimm mein Leben, denn ich bin nicht besser als meine Väter«, legt sich unter einen Ginsterstrauch, einen ganz ähnlichen, unter dem auch Jona sich niedergelassen hat, und schläft ein. »Doch ein Engel rührte ihn an und Sprach: Steh auf und iss! Als er um sich blickte, sah er neben seinem Kopf Brot, das in glühender Asche gebacken war, und einen Krug mit Wasser. Er aß und trank und legte sich wieder hin.« Der Engel hätte jetzt weggehen können. Er hätte sich denken können: Elija hat sich ja nun gestärkt, jetzt kann er noch ein wenig schlafen und dann weitergehen. Aber das tut er nicht. Er spürt, dass Elija noch mehr Zuspruch, noch mehr Stärkung braucht. Deshalb rührt er ihn ein zweites Mal an und sagt: »Steh auf und iss, sonst ist der Weg zu weit für dich.« Das ist geschickt. Der Engel diskutiert nämlich nicht mit Elija darüber, warum er sich so ausgebrannt fühlt. Er bittet ihn nicht um ein Feedback zu seinem bisherigen Weg als Prophet, er führt keine Situationsanalyse durch, aus deren Ergebnissen sich in einem Brainstorming der weitere Weg herauskristallisieren kann. Er sorgt vielmehr dafür, dass er die Kraft bekommt, auf seinem Weg weiter voranzuschreiten. Offenbar geht es dem Engel, der Elija begleitet, weder um Erfolg, den er in sehr publikumswirksamer Weise hatte, als er die Propheten Baals besiegte, noch um Misserfolg, der ebenso deutlich war, als die Königin Isebel ihn gefangen nehmen und töten lassen wollte. Dem Engel ging es darum, dass Elija Kurs hielt, dass er auf Gott bezogen blieb. Deshalb war es so wichtig, dass er nicht einfach aufgab, sondern sich vielmehr aufmachte und weiterging bis zu jenem Berg, auf dem Gott ihm in sanftem, leisem Säuseln begegnete.

Eine ganz ähnliche Erfahrung macht Hagar, die Magd Sarahs (Gen 16). Auch bei ihr tritt der Engel nicht als Analytiker und Konfliktlöser in Erscheinung. Dabei hätte Hagar zumindest Letzteren dringend genug gebraucht. Die ägyptische Sklavin hatte mit Erlaubnis, ja sogar auf die Aufforderung ihrer Herrin Sarah hin, mit deren Mann Abraham geschlafen. Doch ihr Stolz auf ihre Schwangerschaft hatte Sarah wütend gemacht. Abraham hatte sich vornehm zurückgehalten, als Sarah sich bei ihm beschwerte, und nur gesagt, sie ist in deiner Hand. Mach mit ihr, was du willst. Vor dieser harten Behandlung war Hagar mit ihrem Kind in die Wüste geflohen. Ein unwirtlicher Ort, an dem sie nichts Besseres erwartete als den Tod. Aber es kam anders. Ihr Engel suchte und »fand sie an einer Wasserquelle«. Allerdings brachte er kein Brot, um die entlaufene Sklavin und ihr Kind für die Weiterreise zu stärken. Er hatte vielmehr eine Botschaft. Was er ihr zu sagen hatte, gefiel Hagar zunächst überhaupt nicht. »Kehr zurück zu deiner Herrin und beuge dich unter ihre Hand.« Ein unbequemer Rat, einer, der zum Bleiben in einer als unerträglich erlebten Situation auffordert. Aber der Engel hat auch eine Verheißung für Hagar. Denn die Menge ihrer Nachkommen soll ebenso unzählbar sein, wie diejenige, die auf das Kind Abrahams und Sarahs zurückgeht. Engel, wie sie Elija und Hagar begegnen, finden sich immer wieder in der Heiligen Schrift. Und überraschend oft fordern sie die Menschen, wie beispielsweise Josef, zum Bleiben auf (Mt 1, 20). Schwierigkeiten mithilfe unserer himmlischen Geschwister durchzustehen, könnte eine Einladung zu einem Kurswechsel sein. Sind wir doch heutzutage eher geneigt, einen Job zu kündigen, Beziehungen zu beenden, zu neuen Ufern aufzubrechen, wenn die Verhältnisse schwer werden.

Ein engelgleiches Paar

Josef und Maria sind faszinierende Beispiele für ein Leben im Einklang mit der Welt der Engel. Zugleich macht ihre Geschichte deutlich, welch weitreichende Wirkung die Offenheit für die himmlische Wirklichkeit haben kann. Die ruhige Beschaulichkeit, die Vorhersehbarkeit, die das junge Paar seinen gemeinsamen Weg in stiller Freude gehen ließ, fand ein abruptes Ende, als der Engel Gabriel Maria die Botschaft brachte, dass sie Gottes Sohn zur Welt bringen sollte. Ihr Fiat – mir geschehe, wie du es gesagt hast – stellte nicht nur ihre, sondern auch Josefs Welt auf den Kopf. Jeder hätte verstanden, wenn er sich, anständig, wie er war, in aller Stille von Maria getrennt hätte. Natürlich hätte es Gerede gegeben, aber nach und nach wäre die Angelegenheit in Vergessenheit geraten und vielleicht hätte er eine andere Frau gefunden. Tatsächlich war er entschlossen gewesen, genau dies zu tun. Sein Tagbewusstsein ließ keine andere Lösung machbar erscheinen. Aber wenn Gott Mensch wird, geht es nicht um Machbarkeit von unserer Seite. Es geht um das sich Einschwingen in das Geheimnis des Glaubens. Für Josef war dies eine Nachterfahrung. Deshalb macht es Sinn, dass der Engel im Traum zu ihm kam. Dass er zu ihm sagte: »Fürchte dich nicht«, steht in einer langen Tradition von Engelerfahrungen. Sie stehen für den Eintritt der ganz anderen Wirklichkeit in unsere von so engen Grenzen umschlossene irdische Existenz. Und sie laden uns wie Josef ein, das Unbegreifliche aus Gottes Hand anzunehmen. Josefs Nachterfahrung paart sich mit Marias Weggeschichte. Begleitet von den Engeln sind sie von nun an gemeinsam unterwegs, werden Eltern für Gottes Sohn. Dass der Schutzraum, den Josef zu bilden entschlossen ist, jene Jahre, in denen Jesus in seine Aufgabe hineinwachsen kann, sich auch dem Wirken der Engel verdankt, zeigen die Evangelien. Wie die Hirten waren auch Maria und Josef umfangen von den singenden Engeln und die Wachsamkeit Josefs für die himmlische Wirklichkeit blieb ihm, sodass er seine Frau und ihr Kind in Sicherheit bringen konnte, als Herodes ihm nach dem Leben trachtete.

Josef scheint eine Wesensverwandtschaft mit Hildegard zu haben. Denn wie sie ist er ausgerichtet auf das Licht. Wie sie stellt er nicht sich selbst in den Vordergrund, sondern erweist sich als Hörender, als Schauender, als einer, der die Botschaft Gottes wahr- und anzunehmen bereit ist.

Angelus
funkelnde Weisung
einbrechend
in mein
Dunkel
durchlichtest
Du
den Raum
weitest
die Enge
bis ich
durchliebt
in seinem
Herzen
gerichtet
geheilt
gerettet
bin
in Ihm

»WILLST DU, DASS DIE ENGEL SICH GERN BEI DIR AUFHALTEN, SO SEI EIFRIG IM GEBETE UND DIENSTE GOTTES«
DIE HEILIGEN UND DIE ENGEL

Die heilige Mechthild von Magdeburg (um 1207–1282) bringt auf den Punkt, worum es beim Zusammenwirken von Engeln und Menschen geht: um die gemeinsame Ausrichtung auf Gott hin. Im Umkehrschluss bedeutet dies: Wer sich der Gegenwart von Engeln in seinem Leben bewusst werden will, kann in der Schule der Heiligen lernen, wie man in Kontakt mit ihnen kommt und bleibt. Denn Engel und Heilige sind eng miteinander verbunden. Sie verrichten denselben Dienst, schwingen im Lob Gottes auf einer Wellenlänge mit Ihm und untereinander. Die Heiligen als Wegweiser zum Leben wahrzunehmen, ist eine vielfach in Vergessenheit geratene, aber notwendige geistliche Übung. Und sie ist immens hilfreich. Denn da kaum jemand das lebendige Licht selbst schauen und noch weniger sein Leuchten widerspiegeln kann, brauchen wir, deren Strahlkraft durch die irdische Wirklichkeit oftmals gebrochen ist, die Heiligen umso mehr. Schließlich ist es ihnen gelungen, zumindest eine der vielen Farben des göttlichen Lichtes in der Welt zu repräsentieren. Als spirituelle Vorfahren, die vor uns den Weg des Glaubens gegangen sind, können sie für uns zu einem geistlichen Freundeskreis werden. Dabei geht es keineswegs um Begegnungen, die sich nur in der Fantasie abspielen, sondern im Gegenteil um höchst lebendige und performative Beziehungsgeschichten. Mit den Heiligen in Berührung zu kommen und nach und nach stärker werdende Verbindungen zu ihnen zu knüpfen, stärkt die Aufmerksamkeit für die Welt des Geistes und wirkt wie das Anlegen eines Gartens mit heilenden Kräutern und in vielen Farben leuchtenden Blumen. So wie der Garten im Laufe des Jahres seine heilenden Kräfte anbietet, halten auch die Heiligen je neu durch ihre Worte und ihr Lebensbeispiel Rezepte bereit, die zu einem gelingenden

Leben beitragen können. Die Ordnung ihrer Feste im Laufe des Kirchenjahres ist keine zufällige. Sie vermittelt vielmehr Sinnzusammenhänge, die sich durch das immer neue Feiern vertiefen, ein Netzwerk des Glaubens bilden und gewissermaßen spiralförmig zur Mitte des Lebens führen. Dass viele Heilige auf ihrem Weg ins himmlische Jerusalem von ihrem Kontakt mit den Engeln profitiert und ihrerseits von unseren lichten Brüdern gelernt haben, kann für uns Motivation und Ermutigung dafür sein, die Augen und Ohren unseres Geistes zu öffnen, um die Spuren des Wirkens der Engel in unserem Alltag wahrnehmen zu lernen. Die Herausforderung bei der Suche nach Engelspuren im Leben der Heiligen ist dieselbe wie bei der ganz persönlichen Kontaktaufnahme mit der Welt der Engel. Beide stehen unter dem Verdacht, im Nichts zu fischen, sich Phantastereien hinzugeben und schließlich der Selbsttäuschung zu unterliegen. Wer kein Gespür für die geistige Welt hat, nicht daran glaubt, dass es eine andere als die sicht- und greifbare Wirklichkeit gibt, wird sich auf diesem Acker zu Beginn schwertun, eine Perle zu finden. Dies gilt umso mehr, als eine lebendige Beziehung zu Engeln und Heiligen hierzulande auch in der Kirche zu wenig gepflegt und vermittelt wird. Der Mangel an Erfahrung ist groß. Ebenso groß wie die Sehnsucht nach diesem Erleben der anderen Wirklichkeit. Aber genau so, wie es zu Gott von jedem Punkt der Welt aus gleich weit ist, sind uns auch die Engel und Heiligen ganz nah. Sie bieten uns ihre Hilfe an, um uns auf unserem Lebensweg zu begleiten. Wir brauchen ihre ausgestreckten Hände nur zu ergreifen.

Vor den Engeln singen und spielen

Hildegard von Bingen lebte in einem Umfeld, in dem der Glaube an Engel ganz normal war. Das machte es ihr vermutlich leichter, sie wahrzunehmen, mit ihnen in Kontakt zu kommen und von ihnen zu lernen. Auch für den heiligen Benedikt, dessen Regel Hildegard von Kindheit an prägte, waren Engel ein selbstverständlicher Teil der Wirklichkeit. Deshalb erwähnt er sie an mehreren Stellen, zum Beispiel, wenn er im 19. Kapitel über die Haltung beim Gottesdienst spricht. Wie so oft, zitiert Benedikt auch in Vers 5 von Kapitel 19 die Heilige Schrift, hier Psalm 138, 1, wenn er die Mönche ermahnt, daran zu denken, dass sie beim Gebet »vor den Engeln singen und spielen«. Die Haltung war Benedikt ausgesprochen wichtig. Zu Recht, denn ob wir aufrecht, in gesammelter Aufmerksamkeit stehen oder lässig in der Kirchenbank hängen, macht nicht nur optisch einen Unterschied. Es beeinflusst auch unser Gestimmtsein. Eine unzureichend gespannte Saite wird keinen klaren Ton hervorbringen. Deshalb erinnert Benedikt an unsere himmlischen Brüder, die Tag und Nacht vorleben, worauf es beim Gotteslob ankommt. Das 19. Kapitel der Benediktsregel endet mit diesem entscheidenden Punkt: »Stehen wir so beim Psalmensingen, dass Herz und Stimme in Einklang sind.« Diese Aufforderung ist pädagogisch hochinteressant. Denn sie zeigt: Benedikt geht, obwohl eine gute Haltung ihm so wichtig ist, nicht vom Äußeren aus. Er sagt nicht: »Steht gerade, lasst die Schultern locker hängen, achtet darauf, dass die Füße einen leichten Abstand voneinander haben und atmet tief ins Zwerchfell.« Keine dieser Anweisungen ist falsch. Die »Von-außen-nach-innen-Methode« hat ihre Berechtigung und sie kann gute Wirkungen hervorbringen, zum Beispiel, wenn wir bewusst lächeln. Denn dann hebt sich unsere Stimmung zusammen mit den Mundwinkeln. Aber Benedikt will mehr. Er stellt uns vor Augen, dass wir gemeinsam mit den Engeln singen. Im Bewusstsein zu haben, dass sie bei uns sind, wenn wir beten, richtet uns buchstäblich auf und hilft uns dabei, in unserem Eifer nicht nachzulassen. Und es lässt uns an das anknüpfen, was das Entscheidende an ihrem himmlischen Gesang ist: die Konkordanz von Herz und Stimme. Die Engel spielen in Benedikts Regel noch an drei weiteren Stellen eine Rolle. Sie stehen alle in Kapitel 7, das von den zwölf Stufen der Demut handelt, die ein perfektes Übungsprogramm für das Training dieser geistlichen Grundhaltung sind. Hier erwähnt Benedikt die Engel zunächst in Zusammenhang mit Jakobs Traum (Gen 28, 12). Denn in ihm sah der Patriarch eine Leiter, die von der Erde bis zum Himmel reicht und auf der Engel hinauf- und hinabsteigen. Nun ist die Demut eine der *virtutes*, jener himmlischen Kräfte, deren hilfreiche Wirkung auf uns Hildegard in ihrem *Ordo virtutum* beschreibt. Gut möglich, dass Benedikts Verknüpfung der hinauf- und hinabsteigenden Engel sie dazu inspiriert hat, den Engeln als Tugendkräfte eine eigene Stimme zu geben. Als Nächstes erscheinen sie in Vers 13. Auch hier erinnert Benedikt an ihre ständige Gegenwart und mahnt zugleich: »Der Mensch erwäge: Gott blickt vom Himmel zu jeder Stunde auf ihn und sieht an jedem Ort sein Tun; die Engel berichten ihm jederzeit davon.« Wir hören solche Worte heute nicht so gern. Sie klingen manchen zu sehr nach strengem Vater, nach Überwachung, sogar nach einem Polizeistaat mit Spitzeln, die jeden Bürger ausspionieren. Aber wenn wir das Bild, das Benedikt hier zeichnet, unter einem anderen Blickwinkel betrachten, leuchten seine Farben auf neue Weise. »Alles ist mit allem verbunden, wie oben so unten« sind Sätze, denen gegenwärtig viele zustimmen. Zu Recht. Denn dass unser Tun als Einzelne Auswirkungen auf das Gesamt hat, wird uns gerade in dieser Zeit mit großer Dringlichkeit bewusst. Warum sollten wir Benedikts Bild also nicht als Einladung nehmen, im Blick auf unsere lichten Brüder, die Engel, das, was wir tun wollen, zu prüfen und die Wahrnehmung für die möglichen Schattenseiten unseres Handelns zu entdecken? In Vers 28 von Kapitel 7 verstärkt Benedikt seine Aussage noch, indem er von den »uns zugeordneten Engeln« spricht. Und er zieht daraus die Konsequenz, dass das regelmäßige Bedenken der Handlungsfolgen eine im Sinne des ewigen Lebens zielführende geistliche Grundhaltung ist.

Wie entscheidend die richtige Orientierung ist, zeigen zwei Begebenheiten aus dem Leben Benedikts, die dessen Biograph, der heilige Papst Gregor der Große, im zweiten Buch seiner Dialoge schildert. Die erste steht im Kapitel 16. Es handelt von einem Kleriker, der vom Teufel besessen war. Hier betreten wir ein Gebiet, dem viele zu nähern sich scheuen. Denn den Teufel als real anzusehen, ist auch unter Theologen eine umstrittene

Angelegenheit. Doch müssen wir an dieser Stelle nicht fragen, was daraus folgt, wenn wir den Satan zu einem reinen Mythos erklären, einem Bild für das Böse, das hier und da im Menschen in Erscheinung tritt? Wird eine solche Mythologisierung nicht am Ende dazu führen, dass wir auch Jesus Christus, dessen Sterben, seine Auferstehung von den Toten und seine Zusage, dass auch wir mit ihm zum Leben auferstehen werden, nicht mehr als ein Mythos ist? Tatsächlich kann man genau diese These – sie ist nicht neu und wurde bereits im 19. Jahrhundert unter Theologen ausführlich diskutiert – heute wieder lesen. Aber in diesem Zusammenhang gilt, was der Apostel Paulus den Korinthern geschrieben hat: »Ist aber Christus nicht auferweckt worden, dann ist unsere Verkündigung leer und euer Glaube sinnlos.« (1 Kor 15, 14) Davon waren Hildegard und Benedikt überzeugt. Und deshalb war Benedikt ebenso wie Hildegard, als man einen Besessenen zu ihm brachte, in der Lage, für ihn zu beten und er »trieb den Alten Feind aus dem Besessenen aus«, wie Gregor im *Zweiten Buch der Dialoge* in Kapitel 16, Vers 1 schreibt. Aber Benedikt tut noch mehr. Er gibt dem Mönch zwei wichtige Hinweise und sagt ihm: »Geh und iss von nun an kein Fleisch mehr! Untersteh dich, jemals nach einer heiligen Weihe zu streben! Solltest

Du aber eines Tages so vermessen sein und es trotzdem wagen, dich weihen zu lassen, wirst du auf der Stelle der Gewalt des Teufels verfallen.« Benedikt hatte offenbar erkannt, dass zwischen der Besessenheit des Mannes und seinem Streben nach Macht, die er durch die Priesterweihe zu erlangen hoffte, ein Zusammenhang bestand. Und ihm war außerdem bewusst, dass das, was wir essen, Einfluss auf das geistliche Leben hat. Eine gesunde und ausgewogene Diät kann wesentlich dazu beitragen, die persönliche Offenheit für die geistige Welt zu fördern. Dass die Regel Benedikts den Genuss von Fleisch nur für ganz schwache kranke Mönche und Nonnen vorsieht, ist kein Zufall. Gregor schildert in seiner Biographie Benedikts, wie es mit dem geheilten Mann weiterging. Solange er sich an die Regeln hielt, die Benedikt ihm mit auf den Weg gegeben hatte, blieb sein Zustand stabil. Als er aber der Versuchung erlag, seiner Besessenheit von Macht und Ansehen nachgab und sich weihen ließ, »ergriff ihn der Teufel wieder, der ihn verlassen hatte, und peinigte ihn so lange, bis er starb«. Der Diakon Petrus und Papst Gregor, die die Dialoge über die Heiligen führen, unterhalten sich im Anschluss über die geschilderte Szene. Und Gregor erklärt, warum Benedikt wahrnehmen konnte, dass der Kleriker besessen war und wie es zu diesem Zustand gekommen war: »Wie soll einer die Geheimnisse Gottes nicht kennen, der die Gebote Gottes befolgt? Es steht doch geschrieben: ›Wer sich an den Herrn bindet, ist ein Geist mit ihm.‹« In Kapitel 30 des *Zweiten Buchs der Dialoge* schildert Gregor der Große ebenfalls eine Szene, in der der heilige Benedikt einen Zustand der Besessenheit bemerkt. Hier ist es interessant, dass die Erkenntnis gewissermaßen zeitverzögert eintritt: »Als Benedikt sich eines Tages zum Oratorium des hl. Johannes begab, das auf der Höhe des Berges stand, begegnete ihm der Alte Feind in Gestalt eines Tierarztes, der ein Trinkhorn und eine Fußfessel bei sich trug. Benedikt fragte ihn: ›Wohin gehst du?‹ Jener erwiderte: ›Ich gehe zu den Brüdern, um ihnen einen Trank zu reichen.‹ Daraufhin ging der ehrwürdige Benedikt zum Gebet, kehrte aber anschließend sofort zurück. Der böse Geist hatte inzwischen einen älteren Mönch getroffen, der Wasser trank. Sogleich fuhr er in ihn, warf ihn zu Boden und quälte ihn heftig. Als der Mann Gottes bei der Rückkehr vom Gebet sah, dass dieser so grausam gequält wurde, gab er ihm lediglich einen Schlag auf die Wange. Damit vertrieb er den bösen Geist aus ihm, sodass dieser nicht wieder zu ihm zurückzukehren wagte.« Papst Gregor schildert hier sehr schön das untergründige Gefühl, das einen manchmal befällt, dass etwas nicht in Ordnung ist. Man bekommt es nicht zu fassen, aber man spürt, dass sich in einem Menschen, in einer Situation, an einem Ort etwas breitmacht, was dort nicht hingehört. Benedikt tut in dieser Lage das einzig Richtige. Er verschwendet keine Zeit, sondern geht beten. Er richtet sich selbst auf Jesus Christus aus und wird in seinem Licht befähigt, mit offenen Augen zu sehen, was sich ihm zuvor nicht erschloss.

Diplomaten in Gottes Dienst

Als ich einmal in einer unlösbar scheinenden Situation war, gab ein weiser Priester mir diesen Rat: Bitten Sie doch ihren Schutzengel mit dem des anderen, jenes Menschen, mit dem der Konflikt bestand, Kontakt aufzunehmen, damit er, der Engel, auf ihn einwirke. Ich fand den Gedanken ebenso faszinierend wie ungewöhnlich, denn ich hatte noch nie davon gehört, dass man so etwas tun kann. Aber da ich dem, der mir riet, vertraue, habe ich es probiert. Und die Wirkung übertraf alle vernünftigen Erwartungen. Seitdem habe ich gelernt, dass das, was mir so außergewöhnlich erschien, noch bis vor 50, 60 Jahren eine bekannte spirituelle Praxis gewesen ist. Papst Pius XII. ermutigte die Menschen in seinen Predigten, einen vertrauten Umgang mit ihren Schutzengeln zu pflegen, und erinnerte beispielsweise in einer Ansprache an amerikanische Pilger am 3. Oktober 1958, wenige Tage vor seinem Tod, daran, dass es neben der sichtbaren Wirklichkeit »noch eine andere, unsichtbare, aber nicht weniger wirkliche Welt« gibt, die rings um uns und mit Engeln bevölkert ist. »Sie befanden sich in den Städten, die Sie besucht haben ... sie waren Ihre Reisebegleiter«, rief er den Menschen zu. Auch der Vorgänger des Papa angelicus, Pius XI. hatte ein waches Bewusstsein für die Gegenwart und Wirkmächtigkeit der Engel und empfahl einem der Vertreter des Heiligen Stuhls, Angelo Roncalli, dem später heiliggesprochenen Papst Johannes XXIII., genau jene Bitte um diplomatische Vermittlung, die der weise Priester mir ans Herz gelegt hatte. Papst Pius XI. war überzeugt davon, dass die Engel »als Quelle ständiger Freude« durch ihre Gegenwart »die Schwierigkeiten aus dem Weg« räumen und die Gegensätze mildern. »Wenn wir in die Lage kommen, mit einer Person verhandeln zu müssen, die unsern Argumenten schwer zugänglich ist und der gegenüber unsere Sprache umso überzeugender klingen soll, nehmen wir Zuflucht zu unserem Schutzengel.

Wir empfehlen ihm die Angelegenheit. Wir bitten ihn um Fürsprache beim Schutzengel der Person, mit der wir zusammentreffen. Ist das Einverständnis zwischen den beiden Engeln hergestellt, so wird das Gespräch zwischen dem Papst und seinem Besucher vielleicht leichter verlaufen.« Diese Kontaktaufnahme mit dem himmlischen Bruder, der unseren Lebensweg begleitet, hat gleich mehrere Vorteile. Zum einen weitet sie den Blick und löst bereits dadurch manche Verkrampfung oder Verengung des Blickwinkels, die im Vorfeld einer schwierigen Begegnung hinderlich wirken kann.
Sie billigt außerdem auch dem Gegenüber zu, einen »Draht nach oben« zu haben, und lässt eine ansonsten als vielleicht weniger entgegenkommend empfundene Person in einem anderen Licht erscheinen. Und zum anderen können wir durch ein solches Tun sehr wirkmächtige Kräfte mobilisieren, die uns auf eine Weise helfen können, die wir uns zunächst schwer vorstellen, an ihren lichtstarken Wirkungen aber nach und nach ablesen lernen können. Wie auf anderen Gebieten, die das *mysterium fidei*, das Geheimnis des Glaubens betreffen, bedarf es auch im Hinblick auf die Engel eines Zusammenwirkens zwischen dem äußeren Lehrer, der Kirche, und dem inneren Lehrer, dem Heiligen Geist, der den Gläubigen die Erkenntnis der lichten

Wirklichkeit schenkt, zu der die Engel gehören. Von beiden Lehrern, dem äußeren und dem inneren, zu lernen, gelingt durch die Bereitschaft, offen für geistliche Übungen zu sein, selbst wenn sie nicht sofort einen messbaren Effekt haben.

Wegweiser für Berufene

Im Leben des heiligen Petrus Canisius (1521–1597) lässt sich das Zusammenwirken von äußerem und innerem Lehrer gut ablesen. Der Sohn des Bürgermeisters von Nimwegen war der erste Deutsche, der sich dem Jesuitenorden anschloss. Sein Lehrer, der selige Petrus Faber (1506–1546), vermittelte ihm als eine geistliche Übung das Bewusstsein für die Gegenwart der Engel auf seinen Missionswegen. »Wenn man zum ersten Mal ein Land oder eine Stadt betritt, soll man nach dem Beispiel von Pater Faber die Engel und Erzengel und außerdem die bekannteren Heiligen jener Gegend anrufen und verehren und seine Bemühungen in der Seelsorge ihrem Schutz anempfehlen; auf ihre Fürbitte wird Gott sicher große Hilfe trotz der eigenen Unwürdigkeit gewähren«, schreibt Petrus

Canisius. Und er folgte dem Rat Fabers nicht nur bei seinem Auftrag der Evangelisierung, sondern in allen Lebensbereichen. So betete er vor seiner Profess zu den Apostelfürsten in der Vatikanbasilika, in der er seine Gelübde ablegen würde, und erfuhr in der Folge als Gnadengeschenk die Gegenwart eines Engels, der ihn auf seinem Weg als Ordenspriester begleitete und ihm half, seine Berufung zu leben. Diese Mischung aus Unterweisung in der Lehre der Kirche und eigener Erfahrung machte Petrus Canisius selbst zu einem überzeugenden Lehrer, der in anderen das Bewusstsein für die Gegenwart der Engel wecken konnte.

Der heilige Bischof Franz von Sales (1567–1622) zählt das Bewusstsein für die Gegenwart der Engel in seiner *Philothea* ebenfalls zu den wegweisenden geistlichen Übungen. »Mit den Engeln musst Du ganz besonders vertraut sein. Betrachte sie oft, wie sie in deinem Leben unsichtbar zur Seite stehen! Liebe und verehre den Schutzengel deines Bistums, die Schutzengel der Menschen, mit denen du zusammenlebst, besonders aber deinen eigenen! Bete oft zu ihnen, preise sie, nimm ihren Beistand in Anspruch in deinen geistlichen und zeitlichen Anliegen, damit sie nach deinen Wünschen mit dir wirken!« Auch Franz von Sales bezieht sich in seiner Vermittlung des Wirkens der Engel auf Petrus

Faber: »Der große Petrus Faber, der erste Priester, Prediger und Lektor der Theologie in der Gesellschaft Jesu, der erste Gefährte des heiligen Ignatius, kam einmal von Deutschland her, wo er zur Ehre Gottes Großes geleistet hatte, durch sein Heimatbistum und erzählte, dass er auf der Reise durch häretische Ortschaften immer die Schutzengel jeder Pfarrgemeinde begrüßt und dadurch viel Trost empfangen habe. Er habe förmlich gefühlt, wie sie ihn gegen die Anschläge der Häretiker schützten und ihm halfen, viele Seelen für die Heilslehre zu gewinnen.« Die Bewusstmachung der Gegenwart der Engel und Heiligen empfiehlt Franz von Sales auch beim Gebet. Wer betet, ist nie allein. Dieses Geheimnis liegt in der Wahrnehmung der lichten Wirklichkeit, die unsere oft von Zwielicht geprägte Welt so wirkmächtig erhellen kann.

Dass Engel als Lichtwesen den Weg weisen, zeigt sich auch in der Erfahrung der Wahrnehmung unterschiedlicher Engel als Begleiter auf verschiedenen Abschnitten des Lebensweges. Über die heilige Franziska Romana (1384–1440) wird berichtet, »dass ihr in drei verschiedenen Abschnitten ihres Lebens drei verschiedene Schutzengel gegeben wurden, wobei der erste aus dem Chor der Engel, der zweite aus dem Chor der Erzengel, der dritte aus dem Chor der Mächte war«.

Nicht ohne meinen Engel

Mitunter erfüllen die Engel im Leben der Heiligen aber auch ganz praktische Funktionen. Die Heilige Faustina Kowalska (1905–1938) wurde von ihrem Schutzengel zum Gebet aufgeweckt. Diese Erfahrung ist kein Einzelfall. Und es lohnt sich, es auszuprobieren, seinen Engel darum zu bitten, zu einer bestimmten Zeit geweckt zu werden. Denn dadurch verstärkt sich das Miteinander zwischen dem Menschen und seinem Schutzengel, das sich auch auf andere Lebensbereiche ausweiten kann. Ein Beispiel für eine solch gelungene »Kooperation« wird von der aus Schweden stammenden Patronin Europas, der heiligen Birgitta (1303–1373), berichtet. Sie versetzte sich jeden Morgen nach dem Gebet in die Gegenwart ihres Engels und arbeitete mit ihm gemeinsam an ihren Schriften. Wenn sie den Engel nicht wahrnahm, blieb das Blatt leer. Ihrem geistlichen Begleiter, dem sie täglich die neu entstandenen Texte vorlegte, sagte sie dann: »Vater, heute habe ich nichts geschrieben; ich habe zwar lange auf den Engel des Herrn gewartet, dass er diktieren möchte, was ich schreiben solle, aber er ist nicht gekommen.«

Im Leben des heiligen Johannes von Gott (1495–1550), des Gründers des Hospitalordens der barmherzigen

Brüder, zeigt sich das Wirken der Engel als konkrete Unterstützung bei der Arbeit im wunderbaren Geschehen der Bilokation. Denn als der Heilige angesichts des ausgetrockneten Brunnens am Haus das nötige Wasser für die Pflege der Kranken von einem weit entfernten Ort holen musste, stellte er fest, dass die Patienten bei seiner Rückkehr bereits bestens versorgt waren. Auf seine Frage, wer ihnen denn gedient habe, antworteten sie, er selbst sei es doch gewesen. »Wahrlich, meine Brüder, Gott muss die Armen und Bedürftigen ganz besonders lieben, wenn er zu ihrer Betreuung sogar Engel sendet«, war die Reaktion des Heiligen.

Die heilsame Fürsorge eines Engels erlebte auch der heilige Cuthbert (634–687). Ihm erschien in seiner Jugend ein Engel, um ihm eine Medizin für sein wundes Knie zu empfehlen. Eine ganze Schar der lichten Wesen nahm Cuthbert wahr, als er schauen durfte, wie die Seele des heiligen Bischofs Aidan von Lindisfarne in den Himmel getragen wurde. Und ganz ähnlich wie Abraham erschien ihm ein Engel in Gestalt eines Mannes, den er als Gastpater im Kloster Lindisfarne freundlich bewirtete und dessen wahres Wesen sich ihm erst erschloss, als er erkannte, dass er »ein Engel Gottes war, der nicht kam, um erquickt zu werden, sondern um mich zu erquicken«. Für Cuthbert wurde diese Begegnung zu einem

Schlüsselerlebnis, das zu einer regelmäßigen Wahrnehmung von Engeln führte. Interessant ist, dass er in der Folge dieser konstanten Fähigkeit der Engelschau fähig war, deren dunkle Widersacher, die Dämonen, zu vertreiben. Der heilige Beda berichtet sowohl über die Vertreibung eines bösen Geistes aus einer Frau durch Cuthbert als auch über die Vertreibung von Dämonen von der Insel Farne, auf die Cuthbert sich als Einsiedler zurückzog.

Wie einprägsam Engel im wahrsten Sinne des Wortes auf das spirituelle Leben wirken können, zeigt die Begegnung des heiligen Franz von Assisi (1181–1226) mit dem Seraphen, bei der er die Wundmale Christi empfing. Diese eindrückliche Begegnung war nicht die einzige. Franziskus nahm die Gegenwart der Engel oft als tröstend und ermutigend war – am schönsten in jener Engelerscheinung, indem er die himmlische Musik der Engel hören durfte.

Türöffner zur geistigen Welt

Nun werden Sie, liebe Leserinnen und Leser vielleicht sagen: Das sind ja alles ganz schöne Legenden, aber das kann man doch nicht ernst nehmen. Wirklich nicht? Sind Sie da ganz sicher? Und was wäre, wenn Sie sich irren und es doch so ist, wie Hildegard schreibt: »Als Gott sprach, ›es werde Licht‹, entstand das geistige Licht, das sind die Engel«? Würde Ihnen unsere Welt dann nicht ein wenig heller erscheinen, würden Sie sich dann nicht geschützter fühlen vor all dem Dunklen und Unwägbaren, das im Alltag auf uns einstürmt. Und wäre es nicht schön, daran zu glauben? Und was wäre, wenn dieser Glaube an das, was die Kirche lehrt, sich als Türöffner erweisen würde und durch die so entstandene Weite der Blick auf den inneren Lehrer ermöglicht würde und sich so eine lebendige Weggemeinschaft zwischen Ihnen und Ihrem Engel entspinnen würde?

Hildegard, auf deren Engeltheologie sich dieses Buch bezieht, war von der Existenz der Engel überzeugt. Einmal erhielt sie von den Mönchen des Klosters Gembloux in Belgien eine sehr lange Liste mit Fragen, darunter auch eine über die Engelerscheinung, die Abraham an der Eiche von Mamre geschenkt worden war. Wibert von Gembloux und seine Mitbrüder wollten wissen, welche Leiber jene Engel gehabt hatten. Hildegard, die die meisten der Fragen unbeantwortet ließ, weil sie einfach zu zahlreich waren, beantwortete diese so: Die Engel, so sagte sie, seien zwar von Natur aus unsichtbar, sie nehmen aber, um den Menschen sichtbar zu werden, einen Leib an. Sie selbst, die im Schatten des lebendigen Lichtes lebte und manchmal sogar das lebendige Licht selbst wahrnahm, sah in ihrer Schau die Engel auch in ihrer lichten Gestalt. Die Visionen, die Hildegard in ihren Werken niederschrieb, betreffen sie selten persönlich. Im Hinblick auf die Engel aber ist dies der Fall. Denn als sie wieder einmal schwer krank darniederliegt, so schwer, dass ihre Schwestern sich auf ihren Tod vorbereiten und bereits ihre Verwandten benachrichtigt haben, ist Hildegard davon überzeugt, dass das Ende ihres irdischen Lebens noch nicht gekommen ist. »Ich aber sah während dieser Tage in einer wahrhaften Schau eine große, nach menschlichem Ermessen unzählbare Schar von Engeln aus der Heerschar des heiligen Michael, die mit dem alten Drachen gekämpft hatten. Sie harrten dessen, was Gott an mir geschehen lassen wollte. Einer von ihnen, ein starker, rief mir zu und sagte: ›Ei, ei, Adler, warum schläfst du in deinem Wissen? Erhebe dich aus deiner Unschlüssigkeit! Du wirst erkannt werden, strahlende Gemme, alle Adler werden dich sehen, die Welt wird trauern, das ewige Leben aber sich freuen. Darum, o Morgenröte, erhebe dich zur Sonne. Auf, auf, erhebe dich und trinke!‹ Sogleich rief die ganze Schar mit gewaltiger Stimme: ›Freudenruf! Die Boten haben geschwiegen. Die Zeit des Hinübergehens ist noch nicht gekommen. Also, Jungfrau, steht auf!‹ Sogleich kehrten Körper und Sinne zum gegenwärtigen Leben zurück.« Hildegard verbindet hier ihre stets fragile Gesundheit mit den Kämpfen, die, vielen unsichtbar, aber für einige, wie sie, wahrnehmbar, in der geistigen Welt stattfinden. Ganz ähnlich schildert sie es bei einer weiteren Krankheit, die sie drei Jahre später traf: »Da sah ich, wie ein Cherub in loderndem Feuer, in welchem sich der Spiegel der Geheimnisse Gottes befindet, mit einem feurigen Schwert die mich quälenden Geister der Luft vertrieb, sodass sie die Flucht vor mir ergriffen und schrien: ›Ach, ach, wehe, wehe! Nun wird uns diese hier entschwinden und wir sollen sie nicht ergreifen?!‹ Daraufhin lebte mein Geist wiederum gänzlich auf, mein Leib wurde in Adern und Mark neu gekräftigt, und so gelangte ich zur vollkommenen Genesung.« Hildegards Biographen bekräftigen Hildegards Auseinandersetzung mit den dämonischen Kräften: »Noch vom Fleische umschlossen und auf Erden weilend, kämpfte sie ›gegen die bösen Geister auf den Himmelshöhen‹ (Eph 6, 12).

Schrecken ergriff die Fürsten der Finsternis, als sie sahen, dass eine Frau, die mit solcher Kriegskunst (gegen sie) ausgerüstet und mit jeglicher Waffe der Tapferkeit bewehrt war, gegen sie stritt. Sie erschraken, wie gesagt, und schrien ihr ›Wehe!‹ und ergriffen voll Verwirrung die Flucht. Denn Furcht und Schrecken waren über sie gekommen, als sie sahen, dass ein furchtbarer Cherub wie ein geordnetes Schlachtheer sie mit flammendem Schwert verfolgte, damit sie Hildegard nicht mehr quälten, und wie er die Magd Gottes in Schutz nahm ... So kämpfte die Heldin Gottes zwischen den Geistern des Himmels und der Hölle, schlug die Widersacher und war immer froh über ihren Siegesruhm.« Wir haben heute andere Modelle, um das zu erklären, was Hildegard als dämonische Mächte beschreibt. Aber beantworten diese Modelle alle Fragen und geben sie ein so umfassendes Instrumentarium an die Hand, dass Hildegards Schau der unsichtbaren Wirklichkeit dadurch überflüssig wird? Oder wirft sie mit dem, was sie schaut und durchlebt, nicht ein helles Licht auf Zusammenhänge, die uns auch heute betreffen und die auch für unser Leben erhellend sein können?

Engel
Kräfte
vielfarbig
leuchtende Spiegel
des reinen Lichts
sie öffnen
den Raum
in dem wir
von ihnen umfangen
die Augen erheben
und einstimmen
in ihr Lied
für Ihn

LICHTE LEBENSHILFE
HILDEGARDS ORDO VIRTUTUM
NEU ENTDECKT

Im Jahr 1151 hatte Hildegard Stress. Viel Stress. Denn die Gründung ihres neuen Klosters auf dem Rupertsberg war weit mehr als ein kleiner Umzug wohlausgestatteter adeliger Nonnen. Sie hatte sich diesen neuen Lebensraum hart erstritten. Die Mönche auf dem Disibodenberg waren keineswegs erfreut darüber, die inzwischen weithin bekannte Visionärin, die so viele Besucher anzog, zu verlieren. Aber als Hildegard nach der Weigerung des Abtes Kuno, sie an jenen Ort ziehen zu lassen, der ihr in einer Schau als neue Wirkungsstätte gezeigt worden war, verstummte, gab der Disibodenberger Abt schließlich nach. Allerdings gab er nicht mehr. Finanzielle Unterstützung hatten Hildegard und ihre Nonnen nicht zu erwarten. Im Gegenteil. Der Rechtsstreit über die Mitgift der Frauen, die aus Sicht des Abtes dem Kloster auf dem Disibodenberg zustand, in dem ein Leben lang zu bleiben sie versprochen hatten, zog sich noch über Jahre hin. Und als die Frauen sich auf dem kleinen Hügel niederließen, von dem aus man die Nahe in den Rhein fließen sehen konnte, standen dort nur ein paar armselige Holzhütten. Sie mussten selbst mit Hand anlegen, um ihrer Vision von Freiheit und Unabhängigkeit eine feste Form zu geben. Das war ungewohnt für die adeligen Frauen, in deren Ausbildung zwar Lesen, Schreiben und Sticken, keineswegs aber Maurerhandwerk enthalten gewesen war. Es gab Streit. Und nicht wenige Nonnen verließen den Konvent, um auf die Burgen ihrer Eltern zurückzukehren oder wechselten in ein anderes Kloster mit einem ihnen angemessen erscheinenden Komfort. Statt in einer strahlkräftigen Stadt auf dem Berg fand Hildegard sich auf dem Trümmerhaufen ihrer Träume wieder. Manch eine hätte an dieser Stelle aufgegeben und wäre reumütig auf den Disibodenberg zurückgekehrt. Die Mönche hätten Hildegard gern wieder aufgenommen, hatte sie doch nicht nur Ansehen, sondern mit den Besuchern, die ihren Rat suchten, auch reiche Spenden gebracht. Bis die in der bisher üblichen Form auf den Rupertsberg strömten, dauerte es. Kein Wunder, denn nicht nur die Baustelle in der Wildnis, auch der zerstrittene Konvent wirkten wenig anziehend.

Hildegard musste das Problem also an der Wurzel anpacken. Und genau das tat sie. Ihr *Ordo virtutum* beginnt mit den Worten: »Nos sumus radices, vos rami, fructus viventis oculi«. (»Wir sind die Wurzeln, ihr seid die Zweige, Früchte des lebendigen Auges.«) Indem sie die Heiligen des Alten Bundes so zu ihren Schwestern sprechen lässt, setzt sie die gegenwärtige Krisensituation in Perspektive. Der aktuelle Stress ist nicht das ganze Bild. Er ist vielmehr nur ein Ausschnitt aus einer weit längeren, differenzierteren Geschichte. Das Bild des Baumes, das Hildegard wählt, um den *Ordo virtutum* zu eröffnen, ist zu ihrer Zeit gerade aktuell. Auch Hugo von St. Viktor, ein Zeitgenosse Hildegards, Theologe wie sie, verwendet es. Hugo stellt seinen Lesern sogar zwei Bäume vor Augen. Einen Baum der Tugenden und einen Baum der Laster. Letzterer geht auf Adam zurück. Den alten Adam genau genommen, in dessen und seiner Frau Evas Handeln die Sünde ihre Wurzeln hat. Der Baum der Tugenden hingegen geht auf den neuen Adam zurück, er wurzelt in Jesus Christus. »Und was haben die Engel mit all dem zu tun?«, werden Sie jetzt fragen. Sie sind es, von denen in Hildegards *Ordo* die Rede ist. Denn *virtutes* wird zwar in vielen Übersetzungen mit »Tugenden« wiedergegeben. Aber das Wort heißt auch »Kräfte«. Und genau diese Kräfte, die *virtutes*, sind einer der

Engelchöre, von denen Hildegard in ihrem Visionswerk *Liber scivias* spricht. Es sind jene Kräfte, die uns von Gott an die Seite gestellt sind, damit wir unser Leben gut bewältigen können. Diese helfenden Engel stellt Hildegard der unglücklichen Seele vor, die die Hauptrolle im *Ordo virtutum* spielt und in der sich jede einzelne ihrer Schwestern wiedererkennen konnte.

Lichtfäden
strahlendhell
spielerisch
klangvoll
die sich
verdichten
zu der Person
durch die
hindurchtönen
heilende Worte
lichthelles Leben
und leuchtendes Sein
für mich

Ansprechend, wegweisend

Der riesengroße Unterschied zwischen Hildegards *Ordo virtutum* und einem »normalen« Training hilfreicher Lebenshaltungen ist, dass es in dieser das Leben performativ durchdringenden Ordnung im Kern um eine Beziehungsgeschichte geht. Die Kräfte, die Hildegard vorstellt, sind nicht mühsam visualisierte, an sich aber eher leblos neutral wirkende »Tools«, hippe Übungen aus dem reichen Vorrat der Selbsthilfekurse, mit deren Unterstützung man seinen Alltag besser auf die Reihe kriegt, es sind personale Kräfte, mit denen man in Dialog treten kann. Sie handeln aus eigener Kraft, sie kommen uns entgegen und sie haben ein Ziel, eine Bestimmung, die dem unverwechselbaren Klang ihrer Botschaft eine ganz eigene Farbe gibt. Schaut man sich die innere Ordnung von Hildegards geistlichem Singspiel an, wird zugleich deutlich, dass die Reihenfolge, in der die Tugenden auf die unglückliche Seele zugehen, keineswegs zufällig ist. Sie entspricht vielmehr der inneren Notwendigkeit des Entwicklungsweges, der aus dem Zustand des in sich selbst Gefangenseins herausführt. Er hat eine Ursache in der falschen Blickrichtung, die das Leben der Seele so schwer macht. Sie ist auf sich fokussiert, eine geistliche Fehlhaltung, die ihr die Luft zum

Atmen abschneidet und den Raum zum Leben verengt. Denn wem die Perspektive der Ewigkeit fehlt, der weiß schon bald nicht mehr, wo es langgeht. Wir können uns nicht selbst erlösen und das ewige Heil ist in der endlichen Wirklichkeit nicht zu finden. Eine scheinbar herbe Erkenntnis, doch wer sie sich zumutet, erkennt: Sie ist in ihrer Wirkung nicht freudlos, sondern vielmehr aufschließend und die Perspektive auf ein weites Land eröffnend. In ihm finden wir – mithilfe der Kräfte aus den Chören der Engel – Gott selbst, auch wenn wir auf diesem Weg vielleicht eine Weile durch die Wüste wandern müssen. Aber wir sind, wie Hildegard immer wieder versichert, auf diesem Weg nicht allein. Wie sehr sie davon überzeugt ist, wird bei der Lektüre ihrer Werke deutlich. Der *Ordo virtutum* beispielsweise und der mit ihm verbundene Grundgedanke, dass unser Lebensweg von kraftvollen Engeln begleitet wird, findet sich dort nicht nur einmal. In seiner Kerngestalt ist er am Ende ihres ersten Visionswerkes zu lesen, des *Liber scivias*. Dort bildet er den krönenden Abschluss, die dreizehnte Vision des dritten Buches, in die die detaillierten Berichte über das und Auslegungen dessen, was Hildegard im lebendigen Licht über die Schöpfung und Erlösung schaute, in jubelnden Lobpreis einmünden. In der zweiten Version baut Hildegard das gleichsam kristallisierte Konzept aus, macht ein liturgisches Drama daraus, in dem sich die Schwestern des Konventes in ihr eigenes Leben hineinspielen und so zugleich eine Perspektive finden können, die sie als Einzelne und als Gemeinschaft zugleich aus dem Dilemma herausführt. Psychologisch geht Hildegard dabei äußerst klug vor. Denn sie setzt, indem sie die zunächst glückliche und dann, weil sie auf Abwege geraten ist, unglückliche Seele in ihrer Vereinzelung in den Fokus stellt, dort an, wo das Problem liegt. Sie zeigt wie in einem Brennglas, warum es in ihrer Gemeinschaft so weit gekommen ist, dass statt einmütigen Lobpreises Streit herrschte, aus dem Spaltung resultierte: weil jede Einzelne vor allem auf sich blickte, von sich ausging. Aber so kann man nun einmal keine Gemeinschaft bauen. Das funktioniert nur, wenn alle gemeinsam in dieselbe Richtung schauen. Und auch dann kommt noch etwas Entscheidendes hinzu. Denn der Blick auf ein abstraktes, am grünen Tisch ausdiskutiertes Ziel allein bringt eine Gemeinschaft auch nicht voran. Ein performativer, das ganze Leben der Einzelnen und zugleich den Konvent verändernder und einender Impuls kann nur von Gott ausgehen. An diese wandelnde Kraft des lebendigen Lichtes erinnern die Engel, personale, von Gott ausgehende und auf ihn ausgerichtete Kräfte, die Seele. Und es gelingt ihnen, weil sie mehr als ein klug ausgedachtes Konzept sind. Denn ihnen eignet etwas, das alle Strukturideen weit übersteigt: liebende Zuwendung und geistliche Kraft. Dass Hildegard selbst vom Umgang mit ihnen geprägt war, kann man auch daran erkennen, dass der Gedanke an sie ihre Werke wie eine zum Leben verlockende Melodie durchzieht. So finden sie sich beispielsweise auch auf der Säule der Menschheit des Erlösers dargestellt. Hildegard schaut auf ihr eine Fülle von Tugendkräften, von denen sie sieben auswählt, um sie als hilfreiche Kräfte zu fokussieren. Die Zahl ist kein Zufall, denn sie entspricht den sieben Gaben des Heiligen Geistes, dem Geist der Weisheit und Einsicht, des Rates, und der Stärke, der Erkenntnis und der Frömmigkeit und dem Geist der Furcht des Herrn. Die mit den Geistesgaben verbundenen Kräfte, die Hildegard gemeinsam mit anderen auf der von ihr visionär geschauten Säule der Menschheit des Erlösers erblickt, sind Demut, Liebe, Furcht des Herrn, Gehorsam, Glaube, Hoffnung und Keuschheit. Das Auf- und Absteigen von Engeln ist ein Bild, das Hildegard im Alten Testament, im Traum des Jakob von der Himmelsleiter findet (Gen 28, 10–16). Es wird in der Regel Benedikts aufgegriffen, die dieses einprägsame Bild in ihrem siebten Kapitel mit den zwölf Stufen der Demut verbindet und so eine geistliche Grundhaltung in zwölf Schritten vertieft und entfaltet.

Hildegard potenziert diese Wirkung dadurch, dass sie ihre Erkenntnis, dass es sich bei den Tugenden nicht um abstrakte Übungen, sondern vielmehr um personale Kräfte handelt, mit uns teilt. Denn sie zeigt: Wir können lernen, auf diese Engel mit ihrer je eigenen Kraft zu hören, vielleicht einen kleinen Funken ihres Lichtes zu sehen und uns im Dialog mit ihnen um so vieles leichter wandeln, als wenn wir, auf uns selbst zurückgeworfen, mühsam alleine unseren Weg gehen müssten.

Ich bin
eine Feder
sagst du
Hildegard
schwebend
auf dem Atem
Gottes
widerstehend
der Versuchung
zu steuern
in eine andere
Richtung
als die
die
Er
für mich
gewählt
hat

Der Aufstieg ins Licht

Dass auf der Säule der Menschheit des Erlösers besonders viele Frauengestalten zu sehen sind, ist kein Zufall. Hildegard ist eine Frau und sie lebt in einem Konvent mit Gott suchenden Frauen zusammen. Dass weibliche Spiritualität für sie ein wichtiges Thema ist, liegt nahe. Aber bei der Darstellung von himmlischen Kräften geht es ihr nicht um die Frage, wie viele Sitze die Frauen im Rat der Heiligen für sich beanspruchen. Sie zu stellen, läge ihr wohl auch deshalb fern, weil diese Fokussierung auf Zahlen, hinter der sich der Wunsch nach Machtausübung verbirgt, genau jene Fehlhaltung des Auf-sich-bezogen-Seins fördert, die in ihrem Konvent zum Streit geführt hatte. Was Hildegard erreichen möchte, ist vielmehr, ihre Schwestern dazu zu motivieren, sich aufzurichten, um sich neu ausrichten zu können. Denn der stete Blick auf uns selbst macht uns klein. Er nimmt uns die Perspektive des Himmels und schrumpft unsere Entwicklungsmöglichkeiten auf ein allzu irdisches Mittelmaß zurück. Wenn wir uns aber, wie Richardis, Odilia, Clementia und all die anderen Nonnen in Hildegards neuem Kloster Rupertsberg an der Säule der Menschheit des Erlösers ausrichten, hat dies zwei entscheidende Vorteile. Zum einen ist diese Säule sehr greifbar und überaus standfest. Mehr, als man von den wankelmütig gewordenen Schwestern auf der Baustelle behaupten konnte. Zum Zweiten trifft das Bild von der Säule mitten in die Schwärze des Konfliktes. Denn mit ihm macht Hildegard klar: Bei diesem Bau geht es um die Kirche als Ganzes, darum, sich einzuordnen in den Leib Christi, der weit mehr ist als die jeweils sichtbare Kirche, die nur »die Spitze des Eisbergs« darstellt. Denn als Gesamt ist die Kirche ein mystisches Phänomen, eins, das über die Zeiten hinweg bis in die Ewigkeit hineinreicht, umfasst sie neben der sichtbaren doch auch die unsichtbare Kirche, jene, die vor uns gelebt und geglaubt haben und die nun Teil jener Engelchöre sind, aus denen uns hier in unseren irdischen Gegebenheiten Hilfe zukommt. Und zum Dritten hat die Säule der Menschheit des Erlösers ein Haupt, Jesus Christus. Durch das Bild wird ganz klar, dass es beim Mitbauen, egal ob es dabei um den Geräteschuppen im Garten des neuen Klosters oder das Reich Gottes geht, darauf ankommt, Teil des Ganzen zu sein, zu wissen, der Bauplan liegt bereits vor, der Magister operis, der Leiter des großen Projektes hat das Gesamt im Blick. Diese Perspektive wirkt einordnend, entlastend und stiftet Gemeinschaft.

Was
für
ein
Wagnis
Teil
einer
Ordnung
zu
sein
unüberblickbar
groß
und
in
Tiefen
hineinreichend,

die
allein
Er
erleuchtet
der
seine Engel
sendet
mir
den Weg
zu
weisen
der
Er
ist

Spiegel mit dem Fokus auf das Wesentliche

Die Engel-Kräfte, die Hildegard in ihrer Vision von der Säule der Menschheit des Erlösers schaut, zeigen, wie so oft in Hildegards Werken, in ihrer äußeren Erscheinung ihr Wesen. Die Demut beschreibt sie so: »Die erste Gestalt trug auf ihrem Haupt eine goldene Krone, die drei höher hervorragende Zacken hatte und in reichem Schmuck kostbarster Edelsteine von grüner und rötlicher Farbe und weißen Perlen funkelte. Auf ihrer Brust aber trug sie einen hell leuchtenden Spiegel, in dem in wunderbarer Klarheit das Bild des fleischgewordenen Gottessohnes erschien.« Der Spiegel, den Hildegard hier sieht, bezeichnet ein Wesensmerkmal der Demut. Sie spiegelt in ihrem ganzen Sein Gott wider. Indem sie – von sich selbst absehend – auf ihn blickt, wird sie zu einem hell leuchtenden Spiegel seiner Herrlichkeit. Deshalb trägt sie auch die wunderbar geschmückte Krone, deren drei Zacken auf den dreifaltigen Gott verweisen. Gekrönt wird nur, wer den Mut zum Dienen hat. Diesen Weg aufzuzeigen, war in Hildegards Konvent notwendig geworden, denn hier dominierten Umwege und Abwege, die im Hinblick auf die gemeinsame Ausrichtung auf das Reich Gottes nicht zielführend waren. Erdverbunden zu sein ist eine notwendige Voraussetzung, wenn man beim Aufstieg nicht abstürzen will. Hildegard hört den Engel der Demut deshalb sprechen: »Ganz unten habe ich begonnen und bin zu den steilen Höhen des Himmels emporgestiegen.« Und der Engel der Demut, dessen Wesen es ist, sich in die Wahrheit zu begeben, sich der eigenen Unvollkommenheit zu stellen, macht klar, dass jeder, der ganz nach oben will, sich seine Grundhaltung zum Vorbild nehmen sollte: »Jeder, der mich in der Sehnsucht, mein Kind zu sein, nachahmen will, soll, wenn er danach dürstet, mich als Mutter zu umarmen und mein Werk in mir zu vollenden, das Fundament berühren und gelassen zur Höhe hinaufsteigen. ... Denn wer zum Hinaufsteigen zuerst den höchsten Zweig des Baumes ergreift, fällt sehr oft in plötzlichem Sturz. Wer aber hochsteigen will und bei der Wurzel beginnt, der kommt nicht so leicht zu Fall, wenn er behutsam vorgeht.« Das facettenreiche Bild, das in den Worten des Engels der Demut enthalten ist, kann, sorgfältig in die Seele eingeborgen, die Kraft eines Samens entwickeln, aus dem ein großer Baum wächst, dessen Äste wirklich bis zum Himmel reichen. Hildegard spricht hier die Verwandtschaft zwischen Engeln und Menschen an. Die Demut kann, wenn wir diese

Kraft umarmen, zu unserer geistlichen Mutter werden. Sie umfängt uns dann ihrerseits so, dass wir »in ihr« in ihrem Schutz wachsen und handeln können.

Den Engel der Liebe ordnet Hildegard der Demut nach, den dieser Engel als »ruhmvolle Königin der Tugenden« bezeichnet. Der Mut zum Dienen ist eine starke und zugleich sanfte Kraft. Sie ist die Wurzel geistlichen Wachstums und nicht ohne Grund beschreibt die Regel Benedikts, nach der Hildegard lebt, in ihrem siebten Kapitel die zwölf Stufen der Demut eingespannt in die Holme der Leiter, die zwischen Himmel und Erde aufgerichtet ist und auf der im Traum des Jakob die Engel auf- und niedersteigen (Gen 28, 12). Und auch die Liebe kommt nicht im Feuersturm mit Blitz und Donner daher. Ein solcher »Auftritt« würde eher überwältigend wirken und lähmen. Aber das ist nicht im Sinne der Liebe, die zärtlich und behutsam zu unserer Wandlung beitragen möchte. »Denn da ich sehr zart und fein bin«, sagt sie, »erkunde ich die kleinsten Öffnungen derer, die mich verehren, und dringe tief in sie hinein.« Das sind Hoffnungsworte in unsere oft so verhärtete Haltung hineingesprochen. Nur ein klein wenig Offenheit von uns und schon kann die Liebe ihr Werk in uns verrichten. Und es gibt noch etwas, das die Liebe bemerkenswert macht. Denn ihre Worte, die Tatsache, dass sie bescheiden und leise auftritt, verdeutlichen ihren Kernauftrag, der sich aus ihrer Darstellung im Visionsbild erschließt. Hier ist die Liebe saphirblau gezeichnet. Und der Engel der Liebe trägt eine mit Gold und Edelsteinen geschmückte Stola. Dieses Zeichen des priesterlichen Dienstes steht also offenbar nicht für Machtausübung, sondern für den Auftrag, ganz und gar christusförmig zu werden. Dazu will der Engel der Liebe verhelfen. Und deshalb ist er einer anderen Gestalt in Hildegards Visionsbildern so ähnlich, jener nämlich, die aus dem silber- und goldleuchtenden Kreisen des Dreifaltigen Gottes heraustritt: Jesus Christus. Es gibt in der Darstellung nur einen kleinen Unterschied. Der Engel der Liebe, der auf der Säule der Menschheit des Erlösers zu sehen ist, ist ganz und gar in blauer Farbe gehalten. Jesus Christus, der den Menschen, aus der Mitte der Dreifaltigkeit in unser irdisches Leben hineintretend, das Wesen Gottes als die Liebe begreifbar machen möchte, hat braune Haare. Ein winziges, scheinbar unbedeutendes Detail. Aber in Hildegards Werken sind gerade diese leicht zu übersehenden kleinen Gestaltungsmerkmale bedeutsam. Denn im Engel der Liebe soll sich jeder und jede wiedererkennen können. Wir dürfen in diese geistliche Grundhaltung hineinwachsen. Und das bedeutet, dass wir durch die auf Gott ausgerichtete und von ihm mit Licht und Leben erfüllte Liebe ganz wir selbst werden. Dabei kommen keine Einheitsmodelle heraus, sondern die Persönlichkeit jedes Einzelnen entfaltet ihr gesamtes, von Gott geschenktes Potenzial.

Wissen, wo die Quelle ist

Den Engel der Gottesfurcht schaut Hildegard als wache Aufmerksamkeit. Er ist ganz Auge und ordnet all sein Tun der Gottsuche unter. Denn diesem Engel ist klar, dass alles Tun von Engeln und Menschen Konsequenzen hat. Der Engel bringt auf den Punkt, dass es Sinn macht, unser Leben vom Ende her zu betrachten und die entscheidende Frage zu stellen: »Wer wird mich befreien bei seinem schreckenerregenden Gericht?« Für viele heute eine Provokation. Aber ist es nicht wahrhaft Not-wendig, unser Tun auf seine Folgen hin zu durchdenken und so von Gott her ordnen zu lassen? Dass dies eine hoffnungsvolle Perspektive ist, bekräftigt der Engel der Gottesfurcht und beantwortet die Frage danach, wer uns vor dem Gericht Gottes retten kann, so: »Keiner als er, der gerechte Gott. Ihn also will ich suchen, zu ihm will ich immer flüchten.«

Den Engel des Gehorsams schaut Hildegard als eine mit einem schneeweißen Band gebundene Kraft. Das Bild erinnert an das Wort Jesu an Petrus am Ende des Johannesevangeliums: »Ein anderer wird dich gürten und dich führen, wohin du nicht willst« (Joh 21, 18b). Dieser Engel ist eine besondere Herausforderung. Darauf zu verzichten, in jeder Situation unseres Lebens das zu tun, was wir selbst gerade wollen, steht in schärfstem Gegensatz zu jener Grundannahme, die heute für viele die wichtigste zu sein scheint: das Recht, jederzeit frei zu entscheiden, was »für mich« richtig ist. Für den Engel des Gehorsams, dessen Füße, Hände und Hals gebunden sind, aber scheint gerade der Verzicht auf »die Regungen des Eigenwillens«, wie die Regel Benedikts unser Streben nach Selbstbestimmung nennt, die beste Art zu sein, zum Ziel zu gelangen. Dieser Engel sagt: »Nicht nach meinem eigenen Willen kann ich auf dem irdischen Weg laufen und auch nicht unter den Einflüssen des menschlichen Willes. Und deshalb will ich zu Gott, dem Vater aller, zurückkehren, den der Teufel ablehnte und dem er nicht gehorchen wollte.« Hildegards Denken ist von der monastischen Theologie geprägt. Sie verwendet, bewusst und mitunter sicher auch unbewusst, immer wieder Subtexte, webt Gedanken ein, die wie kommunizierende Röhren funktionieren oder bei denen beim Anzupfen der einen Saite die anderen Saiten resonieren und im Hintergrund mitklingen. Dieses Prinzip greift auch hier. Denn dass sie den Engel des Gehorsams sagen lässt »Ich will zu Gott, dem Vater aller, zurückkehren«, erinnert an das »Gleichnis von der offenbar gewordenen Liebe des Vaters, die jeden Widerstand überwindet«. Der Engel des Gehorsams identifiziert sich so mit uns, seinen menschlichen Schwestern und Brüdern, dass er mit seinem ganzen Wesen unsere Gebundenheit, die Tatsache, dass wir ohne ihn, Gott, nichts tun können, verkörpert. So erinnert er uns daran, dass es die offenen Arme des Vaters sind, in denen wir die wahre Freiheit finden.

Der Engel des Glaubens macht nur wenige Worte. Denn das viele Reden kann im Fall dieses Engels hinderlich sein, wenn man sich von seiner Kraft stärken lassen möchte. Er verweist ganz schlicht, aber eindrücklich auf Gott und darauf, dass er seinen Namen im Herzen trägt.

Der Engel der Hoffnung zeigt seine Kraft ebenfalls durch eine gesammelte geistliche Grundhaltung. Er blickt auf den Gekreuzigten, auf den allein er seine Hoffnung setzt.

Der Engel der Keuschheit zeigt in seiner strahlenden Schönheit, welche Kraft für Hildegard in der geistlichen Grundhaltung der *virginitas* liegt. Sie schaut ihn

»mit einer Tunika bekleidet, die heller und reiner als Kristall war. Sie leuchtete in ihrem Glanz so, wie Wasser widerstrahlt, wenn es von der Sonne durchströmt wird. Und auf ihrem Haupt stand eine Taube wie mit zum Flug ausgebreiteten Flügeln ihrem Gesicht zugewandt. In ihrem Leib aber erschien wie in einem Spiegel ein ganz leuchtendes Kind, auf dessen Stirn geschrieben stand: ›Unschuld‹. Sie hielt auch ein königliches Zepter in der rechten Hand, die Linke hatte sie auf ihre Brust gelegt. Und sie sprach: »Ich bin frei und nicht gebunden. Den reinsten Quell habe ich durchschritten, nämlich den lieblichsten und innigst geliebten Sohn Gottes. Ich durchschritt ihn und von ihm ging ich aus. Den so hochmütigen Teufel zertrete ich, der nicht so stark ist, mich zu binden. Er ist von mir getrennt, weil ich immer im himmlischen Vater bleibe.«

Keuschheit, ganz auf Gott ausgerichtetes Leben, eins, das von ihm die Liebe ordnen lässt, wird vom lebendigen Wasser jener Quelle genährt, »die immer fließt, auch wenn es Nacht ist«, wie der heilige Johannes vom Kreuz sagt. Die innere Unabhängigkeit von äußeren Einflüssen, die ihre Kraft aus dem Schauen auf Jesus Christus schöpft, ist das Kennzeichen dieser Grundhaltung, deren glühender Kern jede Lebensform zu durchflammen und licht werden zu lassen vermag.

Das eigene Leben ins Spiel bringen

Der *Ordo virtutum* nimmt unter den Kompositionen Hildegards eine Sonderstellung ein. Anders als die meisten liturgischen Spiele, die sich im 12. Jahrhundert bereits großer Beliebtheit erfreuten, basiert er nicht auf Texten der Heiligen Schrift, wie das Passionsspiel der Jünger von Emmaus, und thematisiert auch nicht das Leben eines Heiligen wie z. B. der *Ludus Danielis*. Deshalb spricht viel für die Einschätzung von Bernward Konermann, der den *Ordo* als »die erste eigenständige, wirklich neue und in sich geschlossene nachantike Theaterschöpfung, die wir kennen«, ansieht. In der Antike hatte das Theater nicht nur mit Unterhaltung, sondern auch mit Psychohygiene zu tun, die die alten Griechen Katharsis nannten. Durch das Anschauen von emotionalen Konflikten wurden die Zuschauer in die Lage versetzt, sie zu durchleben und sich gleichzeitig von ihnen zu befreien. Wegen dieser heilenden Funktion waren die antiken Theater oft in Heiligtümer oder Zentren der Heilkunde eingebunden und die Tragödiendichter waren, wie beispielsweise Sophokles, der dem Gott der Heilkunde, Asklepios, diente, häufig Priester.

Hildegard dezentralisiert mit ihrem *Ordo* gewissermaßen das antike Konzept der heiligen Stätten, bei dem es für die Kranken darauf ankam, sich an einen bestimmten Ort zu begeben, wenn sie Heilung finden wollten. Hildegard war vielmehr davon überzeugt, dass es zu Gott von jedem Ort der Welt aus gleich weit ist. Dies zeigt sich auch in ihrem Briefwechsel, in dem sie im Zweifel davon abrät, eine Wallfahrt zu machen – vielleicht, weil es ihr scheint, dass man so dem eigentlichen Thema, der Begegnung mit Gott, in der die eigenen Schwächen und Wunden ans Licht kommen, davonläuft. Und es ist sehr wahrscheinlich, dass Hildegard ihren Schwestern, von denen einige das neue Leben auf dem Rupertsberg, auf dem sie so vieles noch selbst aufbauen mussten, zum Weglaufen fanden, mit dem *Ordo* einen Schlüssel in die Hand geben wollte. Er schloss ihnen den bereits einzugsfertigen inneren Garten, den *hortus claustralis* auf, in dem sie von Engeln auf dem Weg zur Mitte geleitet wurden, wo Christus als der Gärtner und Bräutigam bereits auf sie wartete.

Und so neu, wie es im Blick auf die so anderen liturgischen Spiele des Mittelalters scheint, war die Idee Hildegards, den inneren Konflikt der Seele, ihr Ringen um den richtigen Weg und die Rolle der ihr von Gott her zu Hilfe kommenden guten Kräfte auf die Bühne zu stellen, nicht.

Denn sie hatte durchaus ein literarisches Vorbild. In der *Psychomachia* des Prudentius, eines spanischen Dichters aus dem 4. Jahrhundert, treten ebenfalls personifizierte Kräfte auf, die die in jedem Menschen stattfindende Auseinandersetzung zwischen Gut und Böse thematisieren. Aber wie so oft modifiziert Hildegard das ihr vorliegende Material. Denn ihr *Ordo* hat keinen Lehrcharakter, sondern dient ganz offenkundig der Bewusstmachung der Tatsache, dass uns von Gott her in jeder Not Hilfe zukommt. Diese Hilfe aber ist nicht abstrakt, ist keine verstaubt, streng oder gar freudlos wirkende Tugend, es ist eine leuchtende wegweisende Kraft. Und deren Wesen ist personal, das Du eines Engels, der uns an die Hand nimmt und uns zuspricht, dass es einen Weg gibt, der aus unserem persönlichen Dilemma hinausführt. Hildegard beginnt den *Ordo* mit einem Gesang der Heiligen des Alten Bundes. Damit sieht sie die Grundlage der geistigen Grundhaltungen, in Absetzung von Hugo von St. Victor, dessen Bild vom Baum der Tugenden und Baum der Laster sie hier zitiert, schon im Alten Testament verwirklicht, eine subtile, aber für den Kenner der Literatur, auf die sie sich bezieht, umso wirkungsvollere theologische Stellungnahme. Und deren Aussage wird noch klarer, wenn wir uns bewusst machen, dass die *virtutes* keine Abstraktionen, sondern Boten Gottes sind.

Und die waren natürlich, wie die schriftkundigen Nonnen auf dem Rupertsberg wussten, schon immer an der Seite der Menschen.

Mit der *virtus*, der Kraft des jeweiligen Engels, der eine grundsätzlich positive für jeden Menschen erreichbare geistige Grundhaltung verkörpert, verbindet sich bei Hildegard der Begriff der *operatio*, ein Wort, dessen Sinngehalt ebenso weit gespannt ist wie der des Wortes *virtus*. *Operatio* bedeutet übersetzt zunächst einfach das Wirken, das Handeln. Bei Hildegard aber ist *operatio* untrennbar mit Gottes Heilshandeln verbunden. Gott aber ist in seinem heilenden Handeln ganz und gar auf den Menschen ausgerichtet, er ist das Ziel all seiner Bemühungen. Der Mensch wiederum ist von seiner ursprünglichen Berufung her in seinem Handeln auf Gott bezogen. Deshalb ist die Arbeit an sich selbst, die Selbstverwirklichung, in Hildegards Theologie nicht, wie bei uns heute, häufig eine Spielart der Egozentrik, sondern das aktive Bemühen, die geistigen Grundhaltungen einzuüben. Dass dies keine leichte Übung ist, zeigt sie im *Ordo virtutum* in aller Deutlichkeit. Und der Grund dafür liegt auf der Hand. Nach dem Umzug ihres Konventes vom Disiboden- auf den Rupertsberg hatte es in der Gemeinschaft zahlreiche Konflikte gegeben. Einige der geistigen Fehlhaltungen, die Hildegard in ihrem zweiten, ethischen Visionswerk so plastisch beschreibt, hatte sie vermutlich deshalb so lebendig vor Augen, weil die Argumente, die sie ihnen in den Mund legt, in den Auseinandersetzungen zwischen ihr und ihren Mitschwestern zur Sprache gekommen waren. Eine Herausforderung bewältigt man aber, wie Hildegard aus eigener schmerzlicher Erfahrung wusste, nicht dadurch, dass man untätig bleibt oder die Mitarbeit verweigert. Der scheinbar leichte Weg führt, wie auch die anderen geistlichen Schriftsteller des Mittelalters unermüdlich betonten, direkt ins Verderben. Mit dem *Ordo virtutum* gab Hildegard ihren Schwestern die Möglichkeit, sich selbst und ihr Leben ins Spiel zu bringen und durch das Inberührungkommen mit den Engeln ihre Rolle und letztlich den Weg zu ihrem ganz heilen Ursprung zu finden. So hoffte sie, ihren Konvent zukunftsfähig zu machen. Mit der Protagonistin des *Ordo*, konnten sich alle Schwestern, auch Hildegard, identifizieren. Denn die Erfahrung der glücklichen Seele, die durch die Bedrängnisse ihres Lebens niedergedrückt ist und der Versuchung des hier treffend Diabolus, Durcheinanderwerfer, genannten Teufels nachgibt und so zur unglücklichen Seele wird, ist eine allgemein menschliche.

Wege in Sein Licht

Wer, mit den Herausforderungen des Selbstwerdungsprozesses konfrontiert, auf sich selbst zurückgeworfen, die Perspektiven für ein gelingendes Leben verliert, gerät in einen Zustand, den Augustinus als *cor in se curvatum*, als in sich selbst verkrümmtes Herz beschreibt. Die Verengung des Blickwinkels, das Zurückgeworfensein auf tradierte, der eigenen Situation aber unangemessene Handlungsmuster führt zu fortschreitenden »Rückenschäden der Seele«, bei denen, einem innerpsychischen Dominoeffekt folgend, eine Fehlhaltung die andere hervorruft und zu einer immer stärkeren Verhärtung der Menschen führt. Das Gute ist eben nicht das leicht zu Erringende. Man muss sich wie in einem strengen sportlichen Trainingsprogramm täglich darum bemühen, es zu erreichen. Wem dafür die innere Motivation fehlt – im geistlichen Leben kommt es beim Üben, ebenso wie beim Sport, mindestens zur Hälfte auf die mentale Einstellung an –, der verliert das zugestandenermaßen in weiter Ferne liegende Ziel des ewigen Lebens aus dem Blick und lässt sich von materiellen Reizen ködern. Doch shoppen stillt den Hunger der Seele ebenso wenig wie eine erfolgreiche Karriere. Am Ende aller äußeren

Betriebsamkeit steht eine innere Leere, die weder mit Materiellem noch mit schönem Schein gefüllt werden kann. Im Leben jedes Menschen gibt es deshalb einen Point of Return, einen Schnittpunkt, an dem der Ruf zur Umkehr – wie leise er auch immer ertönen mag – inmitten des Alltagslärms vernehmbar wird. Die Herausforderung, der sich die unglückliche Seele gegenübersieht, ist dieselbe wie bei jedem von uns. Es gilt, wie Bernhard von Clairvaux sagt, Gott bis zu sich selbst entgegenzugehen. Dies aber ist angesichts des Zustandes, in den die unglückliche Seele sich hineinmanövriert hat, ein schmerzhafter Prozess, muss sie doch erkennen, dass sie sich nun in keinem präsentablen Zustand mehr befindet. An dieser Stelle erheben die der Seele zur Seite stehenden Kräfte ihre Stimme und bringen den lärmenden Durcheinanderwerfer zum Schweigen, indem sie sein Geschrei als Folge seiner inneren Verwundung und seines brennenden Schmerzes interpretieren. In dem nun entstehenden Freiraum kommen die *virtutes* nacheinander zu Wort. Dass die Engel mit ihren je eigenen im Kontakt mit dem lebendigen Licht ausgeprägten Kräften besonders gut helfen können, hat einen Grund: Sie wissen genau, was es bedeutet, sich vom Licht abzuwenden. Denn einige von ihnen haben sich genau dafür entschieden und ihr Irrweg gleicht dem der Menschen aufs Haar. Die Geschichte vom Engelsturz ist also keine weit von unserem Alltag entfernte Legende, die aufgeklärte Menschen nicht ernst zu nehmen brauchen. Sie ist vielmehr eine bis in die Tiefen der Seele reichende Sinngeschichte, die ihre Wirkung umso mehr entfaltet, je mehr wir sie uns zu Herzen nehmen, je persönlicher wir uns von ihr betreffen lassen. Die Mechanismen, die sich beim tiefen Fall Luzifers und all jener, die sich ihm anschlossen, abspielten, sind exakt dieselben wie diejenigen, die uns heute in die Entfremdung führen. Bemerkenswert daran ist, dass die Bindung an Gott, etwas, das in dem lateinischen Wort *religio* steckt, uns freier atmen lässt als die Ungebundenheit, die uns von uns selbst so weit entfernt, dass wir uns am Ende nicht mehr wiedererkennen. Aber die gute Nachricht ist: Egal wie sehr wir uns in die Netze der selbstbestimmten Sinnsuche verstrickt haben – Befreiung ist in jedem Augenblick möglich. Notwendig dafür ist nur eins: die Reue, die die Kraft zur Umkehr verleiht. Beim so unendlich lang erscheinenden Rückweg in die Arme Gottes aber sind wir nicht mehr allein, denn auf ihm werden wir von Engeln geleitet. Dass es hier um einen Ordnungsprozess geht, macht die Reihenfolge deutlich, in der die *virtutes* singen. Sie entsteht durch die Notwendigkeiten des Heilungsweges der Seele, den sie begleiten. Deshalb erklingen zunächst die Melodien der Demut, der Liebe und der Gottesfurcht, jener Kräfte, die für die Phase der Neuorientierung am notwendigsten sind. Demut heißt auf Lateinisch *humilitas* und ist eine bodenständige Kraft von großer innerer Stärke, humorvoll und mit dem Mut zum Dienen begabt. Denn in *humilitas* stecken die Worte *humus* und *humor*. Es geht bei der Demut also nicht um eine mitunter als verletzende Demütigung und unnötiges Kleinmachen erlebte Fehlhaltung, sondern vielmehr um eine geistige Grundhaltung, die von innerer Gelassenheit und der Fähigkeit, sich selbst nicht so wichtig zu nehmen, geprägt ist. Wer die so verstandene Demut einübt, wird fähig, sich selbst und die Hilfe der anderen nun zu Wort kommenden Kräfte anzunehmen. Die Liebe, lateinisch *caritas*, bewirkt die Verwandlung der Liebessehnsucht der Seele in eine Haltung der Liebe. Die Orientierung an Äußerlichkeiten wird aufgegeben. Von Materiellem wird nicht mehr erhofft, dass es die Sehnsucht nach ewigem Leben und tiefstem Angenommensein stillen kann. Die Gottesfurcht bewirkt, weil die Seele sich nun in der Hoffnung auf das ewige Leben verwurzelt, eine Veränderung der Perspektive im Hinblick auf das Sein und Tun anderer Menschen. Sie werden mithilfe der Gottesfurcht von Gott her gesehen und angenommen.

Die nächsten drei Engel helfen der Seele dabei, die Ängste zu bewältigen, die in der Folge einer Neuorientierung auftreten können. Mit dem Gehorsam verbindet Hildegard die Konzentration auf den Willen Gottes und die Unabhängigkeit von äußerer Motivation. *Fides*, eine Kraft, die mit Glaube, Vertrauen übersetzt wird, ist etymologisch verwandt mit der *fiducia*, der Zuversicht. Die *fides* wird von Hildegard als Spiegel des Lebens dargestellt, die den klaren Blick für das Leben Gottes in der Seele eröffnen soll. Hier greift Hildegard einmal mehr auf die Spiegelfunktion der Engel zurück, die in ihrem steten auf Gott Ausgerichtetsein wurzelt. Die Hoffnung ist jene Kraft, die die Umkehr und das Entstehen neuen Lebens stets für möglich hält.

Gemeinsam den Aufbruch wagen und das Ziel nicht aus dem Blick verlieren

Als nächste Gruppe folgen die Kräfte der Emanzipation von jenen Fehleinschätzungen, die die Verstrickung der Seele in unheilvolle Bindungen ermöglicht haben. *Castitas* ist neben der leiblichen Keuschheit vor allem als geistige Haltung zu verstehen, die realisiert, dass menschliche Gemeinschaft, welcher Art auch immer, die Liebessehnsucht der Seele nicht völlig stillen kann. Die Keuschheit bzw. die auf innerer Unabhängigkeit beruhende Fähigkeit, bei sich selbst zu wohnen, verstärkt die Gottesbeziehung der Seele. *Innocentia* ist die Unschuld, die Arglosigkeit. Sie verstärkt die Wahrnehmung der heilenden Kräfte. Dies ist, wie aus psychologischen Untersuchungen bekannt, eine wirkungsvolle Form des Perspektivwechsels, der in Methoden wie etwa der Neurolinguistischen Programmierung (NLP) Eingang gefunden hat. *Contemptus mundi* heißt übersetzt die Verachtung der Welt. Weil man dies aber leicht missversteht, können wir uns darunter eine Kraft vorstellen, die die Seele lehrt, sich von allen irdischen Mächten und Normen, die Ansprüche auf sie geltend machen wollen, zu emanzipieren. So ermöglicht sie den Weg der Selbstwerdung. Die Liebe zum Himmlischen verstärkt die *Virtus des contemptus mundi* durch ihre positive Ausrichtung auf die Transzendenz, den bis ins ewige Leben ausgespannten neuen Horizont der Seele. Sie ist die Kraft, die den Blick der Seele endgültig umwendet. Nun kommen jene Kräfte zu Wort, die die Beziehungsfähigkeit der Seele festigen und ausbauen. Mit der Disziplin verbindet sich die konsequent durchgehaltene Ausrichtung auf das Wesentliche. Die Wahrhaftigkeit lehrt die Seele die Achtung vor dem Geheimnis und der Verletzlichkeit der anderen. Sie befreit sie von der Tendenz, sich mit anderen vergleichen zu müssen. Das Erbarmen steht schließlich am Ende des langen Weges der Seele zu sich selbst. Es lehrt sie die Annahme ihrer selbst und gibt ihr dadurch die Fähigkeit, sich anderen heilend zuzuwenden. Über die Engel, die ihr Leben begleiten, herrscht für die Seele jetzt kein Zweifel mehr. Nun können als letzte Gruppe die Gabe der Unterscheidung, die Geduld und der Sieg ihre Wirkung entfalten. Die Fähigkeit der maßvollen und weisen Unterscheidung hilft der Seele zu erkennen, worin ihr Auftrag besteht. Die Geduld begleitet ihr Tun, und der Sieg konstatiert mit ihr den Erfolg. Der *Ordo virtutum* ist nicht nur als liturgisches Musiktheater mit psychotherapeutischem Aspekt interessant, er ist, schaut man sich Konzeption und Inhalt näher an, auch ein überaus lebenspraktisches Training zum Umgang mit den Kräften der geistigen Welt, den Engeln, und, last but not least ein neuer Beitrag zur Ethikdebatte im 12. Jahrhundert. Hildegard stellt die geistlichen Grundhaltungen als mithilfe der Engel einzuübende, vom Menschen leibhaft erfahrbare Kräfte dar und verwirklicht so das Gleichgewicht von Gebet und Arbeit, die beide gleichermaßen auf Gott bezogen sind. Sie ist überzeugt: Der Mensch ist nicht nur zum Mitsingen bei den Chören der Engel eingeladen, er soll und darf auch hier auf der Erde mitschöpferisch tätig sein. Und die hilfreiche Gegenwart der Engel betont die Relevanz dieser Aufgabe. Damit bekräftigt sie letztlich die Regel Benedikts, die fordert, alle materiellen Dinge, mit denen wir umgehen, wie heiliges Altargerät zu behandeln, und damit, für uns heute übersetzt, dazu auffordert, den Abwasch und das Bügeln genauso sorgfältig zu erledigen wie die Vorbereitung eines Gottesdienstes. Die erste öffentliche Aufführung des *Ordo virtutum* erfolgte wahrscheinlich anlässlich der Weihe der Kirche von Kloster Rupertsberg am 1. Mai 1152. Damit setzte Hildegard ein starkes Zeichen, in dem sie den äußeren mit dem inneren Neubeginn verknüpfte. Der Part des Diabolus wurde, so vermutet man, von Hildegards Sekretär und Propst Volmar gespielt, die Heiligen des Alten

Bundes von den anwesenden Mainzer Prälaten, zu denen auch Hildegards Bruder Hugo zählte, der als Domkantor die Einstudierung der Männerschola übernommen haben könnte. Die Engel und die Seele hingegen wurden von Hildegard und ihren Schwestern dargestellt. Auch die Besetzung ist kein Zufall. Denn Hildegard bindet den Entwicklungsprozess, der sich in ihrem Konvent als Ganzem und im Innern jeder einzelnen Schwester abspielte, durch die öffentliche Aufführung unter Einbeziehung des Priesters ihres Klosters und der Kirchenvertreter ihres Bistums in einen größeren Kontext ein. Sie macht sichtbar und hörbar: Wer glaubt, ist nie allein. Er ist Teil einer größeren Gemeinschaft. Und mit größer ist hier weit mehr gemeint als die Ausweitung von Hildegards Kloster auf das Bistum. Denn die Kirche ist als Leib Christi ein durch die Zeiten lebendiges, wirkmächtiges Mysterium, das die Heiligen, die unsichtbare Kirche ebenso umfasst wie die je gegenwärtige sichtbare. Und auch für die Mainzer Prälaten verband sich mit ihrer Einbeziehung in das heilige, heilende und in seiner Zielvorstellung heiligende Spiel eine Botschaft. Sie lautete: Was hier, innerhalb des Rupertsberger Klosters geschieht, geht alle in der Kirche an. Das geistliche Wachstum jeder einzelnen Schwester ist rückgebunden an den Leib Christi, wird in die Verantwortung aller gestellt.

Hildegard hätte, anstatt ihre Schwestern dazu einzuladen, sich durch die sie begleitenden Engel wandeln zu lassen, auch einen runden Tisch aufstellen oder einen synodalen Weg beginnen können. Jede Schwester hätte die Gelegenheit erhalten, ihre Forderungen auf den Tisch zu legen, ihre Vorstellungen zu äußern. Was wäre dann wohl das Ergebnis gewesen?

Der *Ordo*, dessen textlicher Grundbestand schon im 1151 fertiggestellten *Liber scivias* enthalten war, ist als dessen inhaltliche Summe konzipiert worden. Die Grundlage für diese Idee basiert außer auf dem Inhalt des *Ordo virtutum* auf einem Zahlenspiel. Denn das *Liber scivias* hat insgesamt 13 Visionen. Zwölf aber ist eine heilige Zahl, die an die zwölf Stämme Israels und die Zwölf Apostel erinnert. Wenn man einer Anzahl von zwölf Visionskapiteln also noch ein dreizehntes hinzufügt, muss dieses, so dachten die Menschen im Mittelalter, eine besondere Relevanz haben, weil nach der Zahl Zwölf die Zählung gewissermaßen von vorne beginnen muss. Alles Wissen über die Wege des Herrn, so könnte man Hildegards damit verbundene Intention zusammenfassen, mündet darin, dass wir sie gehen. Der Glaube ohne Werke ist tot. Die geistlichen Grundhaltungen stützen denjenigen, der sie täglich trainiert, die Engel erhellen den Weg derer, die sich für ihre leuchtende Gegenwart öffnen.

Hilfe
komm
Du
und
richte
mich
auf
Engel
Kraft
ist
Dein
Name
wirkmächtig
bist
Du
in
leuchtend
tönendem
Sein
vor
Ihm

Stimmbildung? Himmlisch!
Der zehnte Chor
als Perspektive ewigen Lebens

In der Geschichte der Theologie gibt es zahlreiche wichtige und bemerkenswerte Bilder, die, einem Kristall gleich, der in vielen Farben leuchtet, die geistige Wirklichkeit erschließen. Der Berg, auf dessen Gipfel man Gott begegnen kann, ist so ein Bild. Er zeigt mit den verschiedenen Wegen des Aufstiegs unterschiedliche Möglichkeiten der Lebensführung auf, die, je nach Ausrichtung, mehr irdisch oder mehr himmlisch orientiert sind. Die innere Burg, die Teresa von Avila ihren Schwestern vor Augen stellt, um ihnen zu zeigen, dass sie Gott nur bis zu sich selbst entgegenzugehen brauchen, ist ein weiteres aufschließendes Bild. Die Begegnung mit der Welt der Engel verbindet sich mit der Geschichte vom zehnten Chor, einer Vorstellung, die sich schon beim Kirchenvater Augustinus findet und die im Laufe der Theologiegeschichte immer wieder aufgegriffen worden ist. In Hildegards Theologie nimmt sie einen zentralen Platz ein. Aus gutem Grund. Denn hier geht es um die eigentliche Berufung des Menschen. Dabei spielt der Gehörsinn, der in der Regel Benedikts, nach der Hildegard lebte, gleich zu Beginn erwähnt wird, eine zentrale Rolle. Wir Menschen sind, so sagt Hildegard, auf der Suche nach der Stimme des lebendigen Geistes. Wir lauschen intuitiv. Denn das Hören ist der erste Sinn des Menschen, der sich beim Embryo zugleich mit dem umfangenden Spüren des Herzschlags seiner Mutter entfaltet, der seinem geborgenen Leben den verlässlichen Takt gibt. Zugleich ist das Hören der letzte Sinn, der uns im irdischen Leben bleibt, die letzte Verbindung in die diesseitige Welt. Auf der Suche nach der Stimme des lebendigen Geistes zu sein, aufmerksam auf das leise Säuseln zu lauschen, in dem Gott dem Propheten Elija auf dem Berg begegnete (1 Kön 19, 12–13.), bewirkt, dass wir unsere eigene Stimme finden. Jeder Chorleiter weiß das. Wer innerlich laut ist, dessen Stimme ist dissonant. Er oder sie hat dann keine Hörkontrolle und kann sich nicht einfügen in den harmonischen Gesamtklang des Chores. Das Erleben des tiefen Glücks, das damit verbunden ist, gemeinsam mit anderen seine Stimme zu erheben, im Ein-Klang zu sein, entsteht dann, wenn wir selbstvergessen ganz auf Gott ausgerichtet sind. In der heiligen Liturgie gibt es einen Ort, der dieses Erleben gewissermaßen in codierter Form enthält: das Sanctus. An dieser Stelle wird uns für einen kurzen Augenblick im Einstimmen in den Gesang der Engel eine Schau dessen geschenkt, was uns im ewigen

Leben erwartet. Bei diesem wundersamen miteinander Schwingen, das die Geschwisterlichkeit von Engeln und Menschen so eindrucksvoll erlebbar macht, kommt es nicht darauf an, ein Caruso zu sein. Es entsteht vielmehr ein Raum, in dem die natürliche Schönheit der Stimme sich entfalten kann. Und sie ist keine Frage der Technik, sondern ein Geschenk der Liebe. So wie die beglückende Erfahrung der Nähe Gottes uns unwillkürlich strahlen lässt und auf eine Weise schön macht, die keine Kosmetik je erreichen kann, so wird auch unsere Stimme im Chor der Engel einen leuchtenden Klang haben, weil wir dann mit ihnen auf Gott ausgerichtet ganz und gar im Einklang mit uns sein werden.

Hildegard hat diese Erfahrung in unübertrefflich eindringlicher Form in einem Augenblick formuliert, in dem ihr genau dies – das Singen im Gottesdient – verwehrt war. Ein Konflikt mit der bischöflichen Behörde in Mainz hatte dazu geführt, dass das Interdikt, das Verbot des öffentlich gesungenen Gottesdienstes, über ihr Kloster verhängt worden war. Jenseits der Missverständnisse, die zu dieser Maßnahme geführt hatten, ging es dabei – wie so oft – um Macht. Hildegard hatte den Prälaten durch ihre prophetische Schau den Spiegel vorgehalten und nun, da sie in ihrem Tun einen Fehler zu entdecken glaubten, sahen sie ihre Stunde gekommen und verboten ihr buchstäblich den Mund. Für Hildegard war diese Maßnahme ein tiefer Schmerz. Dabei ging es ihr nicht darum, zu schweigen oder darauf zu verzichten, das letzte Wort zu haben. Was ihr wie ein Schwert in die Seele fuhr, war, dass die Mainzer Prälaten Gott des ihm zustehenden Lobes beraubten. Den Gottesdienst zu verbieten ist zwar auch für den Menschen ein schwerwiegender Verlust, beraubt ihn dies doch der Erfahrung des Einstimmens in die Chöre der Engel. Aber das eigentlich Problematische an dieser Maßnahme ist, dass die Prälaten, indem sie Hildegard straften, Gott nicht im Blick hatten. Ihre Konzentration lag auf ihrer Auseinandersetzung mit Hildegard. Sie hatten den Fokus auf irdische Strukturen gerichtet. Hildegard reagiert deshalb darauf, indem sie den Prälaten in einem Brief verdeutlicht, was das Singen im Gottesdienst bedeutet. Einem Menschen jenen Raum zu verschließen, in dem er mit seinem ganz heilen Ursprung in Kontakt kommen darf, macht überhaupt keinen Sinn. Es trägt nicht zur Lösung etwaiger Konflikte bei, weil es durch die Minderung der Erfahrung der Orientierung an Jesus Christus, die durch das Verbot des gesungenen Gotteslobes unweigerlich eintritt, die Umkehr erschwert. Das Singen im Gottesdienst hingegen, vor allem das Einstimmen in den Gesang der Chöre der Engel, hat eine anthropologisch unverzichtbare

Funktion für die Selbstverwirklichung des Menschen. Denn Adam hatte, so schreibt Hildegard es in diesem Brief, eine Stimme, die der der Engel glich. Wenn wir im »dreimal Heilig« in den Gesang der Engel einstimmen, öffnet sich buchstäblich der Himmel. Wir werden der Erdenschwere unserer irdischen Konflikte enthoben und dürfen uns für einen Augenblick ganz von jener lichten Schwingung jener himmlischen Symphonie durchdringen lassen, deren Teil zu werden wir berufen sind.

Für Hildegard geht es bei dem Gedanken an den zehnten Chor, jenen, dessen Chormitglieder die Menschen zu werden berufen sind, nicht um ein intellektuelles Gedankenspiel. Für sie ist die Tatsache, dass wir Menschen für die Stimmen jener Engel einspringen dürfen, die durch ihre Abwendung von Gott in die tiefe Finsternis gestürzt sind, vielmehr eine handfeste irdische Wirklichkeit. Deshalb erklärt sie die Neunzahl der Engel auch anders als die Theologen vor ihr. Statt dreimal drei – gruppiert sie die Chöre der Engel nach dem Muster 2 + 5 + 2. Hinter dieser mathematischen Formel verbirgt sich eine bemerkenswerte Wertschätzung der irdischen Wirklichkeit. Denn die Zahl Zwei steht für Leib und Seele, die beiden Holme der Leiter, die zwischen Himmel und Erde errichtet ist und auf der die Engel auf- und niedersteigen. Sie beschreibt Benedikt im siebten Kapitel seiner Regel, in dem er die zwölf Stufen der Demut vorstellt. Unser Menschsein ist, so ist Hildegard überzeugt, kein Hindernis dafür, in den Himmel zu kommen. Es ist vielmehr so, dass wir diese uns geschenkte Voraussetzung recht nutzen müssen. Dafür ist es essenziell, die geistliche Komponente der leiblichen Sinne wahrzunehmen und zu entfalten. Deshalb steht die Zahl Fünf in der Mitte der beiden Holme Leib und Seele. Sie schließt den Bereich der fünf Sinne auf. Wenn Sie bis hierhin aufgepasst haben, liebe Leser, müssten Sie jetzt eigentlich aufzeigen und zu mir sagen: »Diese Rechnung stimmt nicht. Sie sprechen von der Zahl Zwei und von Leib und Seele. Schön und gut. Aber in Hildegards Lehre von den Chören der Engel steht zweimal eine Zwei. Das macht aber doch Vier.« Stimmt. Und damit verweist Hildegard auf die doppelte Verfasstheit des Menschen, der zugleich der irdischen und der geistigen Wirklichkeit zugehört. Das ist es, was er den Engeln voraushat. Und deshalb brauchen nicht nur wir die Engel, sondern die Engel auch uns. Denn wir Menschen können mit unseren körperlichen Sinnen spüren, was Jesus in seinem irdischen Leben erfuhr. Wir können mit unseren Händen berühren, mit den Ohren hören, wir können sehen, schmecken und riechen. Die Zusammenarbeit zwischen den von Gott geschaffenen Geschwistern, Engeln und Menschen ist, so ist Hildegard überzeugt, keine Einbahnstraße. Beide brauchen einander und beide sind miteinander berufen, Gott zu loben.

Hört der Engel helle Lieder – ein kleiner Überblick über die Geschichte des Zehnten Chores

Für Dionysius Areopagita, der um 500 n. Christus lebte, ist die Zehnzahl der Engelchöre eine heilige, auf Gott hin ausgerichtete Ordnung und zugleich Ausdruck einer ebenfalls heiligen Handlung, eben des Lobpreises. Dionysius knüpft mit seiner Theologie von den Chören der Engel zugleich an die Vorstellung von der Sphärenharmonie an, ein Gedanke, den schon Platon gedacht hat. Er war überzeugt davon, dass die mystischen Seelen um das Urschöne kreisen. Für die Kirche wurde das Gedankengebäude von den Engelchören zu einem motivierenden Bild. Denn diejenigen, die als Priester, Bischöfe, Mönche oder Nonnen ihr ganzes Leben dem Gotteslob widmen, aber auch jeder einzelne Christ, können sich in den Engelchören wiedererkennen und sich durch ihr Einschwingen in deren lebendige Wirklichkeit täglich neu ausrichten. Dass die Engel keine abgehobenen Hallelujasänger sind, die in der Geschichte vom Münchner im Himmel so erheiternd karikiert werden, wird in einer Predigt von Papst Gregor dem Großen deutlich. Er weist auf die doppelte Funktion der Engel hin, die sowohl zum Gotteslob berufen als auch den Menschen als Helfer und Boten an die Seite gestellt sind. Wie wichtig sie uns sein sollten, erklärt Gregor in seiner Auslegung des Gleichnisses von der Frau, die zehn Drachmen besitzt, eine davon verliert und ihr ganzes Haus unermüdlich durchsucht, bis sie sie wiederfindet. Die zehn Drachmen stehen, so Gregor, für die zehn Chöre der Engel. Ein schönes Bild, das zeigt, dass wir die Aufmerksamkeit für die Nähe der Engel wachhalten, bewusst nach ihnen Ausschau halten und uns unserer Berufung, Teil dieser wundervollen Gemeinschaft zu werden, bewusst sein sollen. Engel und Menschen bilden, wie wir in der Eucharistiefeier im Gesang des Gloria und des Sanctus erleben dürfen, eine Einheit. Sie sind, wie der Kirchenvater Augustinus ausführt, Teil ein und derselben Bürgerschaft. Kein Wunder also, dass spätere Theologen wie Aurelian Reomensis einen engen Zusammenhang des Engelgesanges mit der Musik im Gottesdienst herstellen.

Was bei Dionysius Areopagita, Augustinus und Aurelian als objektive, überzeitliche Wirklichkeit formuliert wird, ist bei Hildegard eine für die persönliche Gotteserfahrung geöffnete Vergegenwärtigung der himmlischen Liturgie. Und es gibt noch einen wichtigen Aspekt. Denn Hildegard sieht den Gottesdienst nicht als isoliertes Geschehen, das nur die Menschen und Gott etwas angeht. Er ist vielmehr eingebunden in den Lobpreis der Schöpfung. Ungeachtet der Gebrochenheit menschlicher Existenz stehen wir innerhalb der Schöpfung in einem lebendigen, tönenden Netzwerk, in dem alles aufeinander bezogen ist, einander antwortet und jedes Geschöpf von einem anderen gehalten wird. Hier hat auch Hildegards Hochschätzung des Leibes als Zelt der Seele ihre Wurzel. Die Harmonie der Sphären, der Gesang der Engel und das Wirken der Menschen bilden für sie eine Konkordanz. Hildegard ist überzeugt, dass sie alle Ausdruck des Zusammenklanges der Schöpfung sind. Denn jedes Element hat seinen »Urklang aus Gottes Schöpfungsordnung« und jeder dieser Klänge vereint sich mit den anderen »wie der Zusammenklang aus Harfen und Zithern«. Hildegard wäre über Franziskus' Lied von Bruder Sonne und Schwester Mond nicht erstaunt gewesen. Denn ihr war bewusst, dass Feuer, Wind und die menschliche Stimme ihrem Wesen nach dazu berufen sind, Gott zu loben. Das Herz, aus dem das Gotteslob gleich einem Quell entspringt, ist für sie ähnlich, wie es dem Personverständnis des Alten Testamentes entspricht, das Zentralorgan des Menschen. Glauben war für sie nie nur eine Angelegenheit für den Verstand. Sie betrifft stets den ganzen Menschen mit all seinen Sinnen. Die Berufung der Menschen, jenen zehnten Chor zu bilden, dessen Dienst einst die abgefallenen Engel wahrgenommen haben, hat ihre Wurzeln in ihrem Geschöpfsein. Das Idealbild hierfür ist Adams Stimme, die im Gleichklang mit der Stimme der Engel war. Die Gesänge für den Gottesdienst, aber auch das Instrumentalspiel haben deshalb eine unverzichtbare prophetische Funktion. Sie erinnern die Menschen immer wieder an ihren ganz heilen Ursprung und wollen sie zugleich auf die für sie bereitete Zukunft ausrichten. Eine verantwortungsvolle Aufgabe, weshalb Musik im Gottesdienst essenzieller Vollzug unseres auf Gott hin ausgerichteten Menschseins ist. Von diesem Gedanken her wird auch deutlich, welche Musik für den Gottesdienst geeignet ist und welche nicht. Für uns ist Hildegards Theologie das Geschenk der Hoffnung. Denn sie beinhaltet mehrere sinnstiftende Schichten. Zum einen gibt sie uns eine Perspektive für das unstillbare Sehnen des Herzens, das in der Schau und im Lobpreis Gottes zur Ruhe kommen wird. Zum anderen macht sie unser irdisches Dasein zu einem Raum, in dem wir in jenes ganz heile, heilige Leben hineinwachsen können, zu dem wir berufen sind und dessen Schönheit uns unwillkürlich singen lässt.

Lebendiges Licht
an meiner Seite
mir zugesellt
von Anbeginn
Gefährtin der Engel
bin ich
und zugesprochen
ist mir
ein Platz
in jenem Chor
der singen soll
dereinst
für Ihn

Literatur

John David Albert: Angels: A Very Short Introduction. Oxford 2011.

Don Basham: Befreie uns vom Bösen. Stein am Rhein 1983.

Heinrich Beck: Engel und Dämonen als metaphysischer Hintergrund des Weltgeschehens? Gnostica 2019. Vortrag bei Radio Horeb, Di 24.9.2019, 20:30 Uhr.

Shawn Sanford Beck: Christian Animism. Alresford 2015.

Alfons Benning: Zeugen der Nähe Gottes. Ein Buch über die Engel. Löningen 1990.

Klaus Berger: Engel – Gottes stille Helfer. Himmlischer Beistand im Alltag. Freiburg 2006.

Rainer Berndt SJ; Maura Zátonyi OSB: »Tugenden – Vollendung menschlichen Lebens« (aus den theologischen Kapiteln der Positio zur Heiligsprechung Hildegards). In: Dies.: Glaubensheil. Wegweisung ins Christentum gemäß der Lehre Hildegards von Bingen. Eruditi Sapientia Band X. Münster 2013, 241-266.

Ladislaus Boros: Engel und Menschen. Olten 1974.

Hans Theodor Brik: Gibt es noch Engel und Teufel? Erkenntnis, Geisterwelt und Exegeten. Aschaffenburg 1975.

Lorna Byrne: Angels in My Hair. London 2009.

Mechthild Clauss: Die Engel von Marienberg im Licht spiritueller Deutung. St. Ottilien 2005.

Mechthild Clauss: Wegbegleiter. Unterwegs mit den Engeln von Marienberg. St. Ottilien 2010.

Felicitas D. Goodman: Anneliese Michel und ihre Dämonen. Stein am Rhein 1980.

Romano Guardini: Engel. Theologische Betrachtungen. Kevelaer 2016.

P. Bonifatius Günther: Satan, der Widersacher Gottes. Aschaffenburg 1972.

Johann Evangelist Hafner: Angelologie: Die Engel im Christentum in Gegenwart und Geschichte. Gegenwärtig Glauben Denken – Systematische Theologie Band 9. Paderborn 2009.

Emma Heathcote James: Seeing Angels – True Contemporary Accounts of Angelic Experiences. London 2001.

Lothar Heiser: Die Engel im Glauben der Orthodoxie. Trier 1976.

Ferdinand Holböck: Vereint mit den Engeln und Heiligen: Heilige, die besondere Beziehungen zu Engeln hatten. Stein am Rhein 1987.

Otto Hophan: Die Engel. Luzern 1956.

Papst Johannes Paul II.: Die Engel. Sechs Papst-Katechesen. Stein am Rhein 1988.

Walter Kasper, Karl Lehmann (Hrsg.) Teufel, Dämonen, Besessenheit. Zur Wirklichkeit des Bösen. Mainz 1978.

Bernward Konermann (Hrsg.): Hl. Hildegard: Ordo Virtutum. Spiel der Kräfte. Das Schau-Spiel vom Tanz der göttlichen Kräfte und der Sehnsucht des Menschen. Augsburg 1991.

Josef Künzli: Endzeitliche Botschaften des Erzengels Raphael. Jestetten 1986.

Max Lackmann: Tobit und Tobias. Ein Buch von Ehe und Liebe, Engeln und Dämonen, Krankheit und Medizin. Stein am Rhein 2004.

Alfred Läpple: Engel und Teufel. Wiederkehr der Totgesagten. Eine Orientierung. Augsburg 1993.

Gabriele Lautenschläger: »Die begnadete Kunst des ›Ordo Virtutum‹«. In: Dies.: Hildegard von Bingen. Stuttgart-Bad Cannstatt 1993, 300-367.

Christel Meier: »*Virtus* und *operatio* als Kernbegriffe einer Konzeption der Mystik bei Hildegard von Bingen«. In: Magot Schmidt, Dieter R. Bauer (Hrsg.): Grundfragen christlicher Mystik. Mystik in Geschichte und Gegenwart, Abteilung I, Christliche Mystik, Band 5. Stuttgart-Bad Cannstatt 1987, 73-101.

Walter Nigg: Der Teufel und seine Knechte. Olten 1983.

Friedrich Oberkofler: Der Antichrist. Der Mythos des Abschieds vom Teufel. Aachen 2009.

Reinhold Ortner: Die Finsternis trägt den Namen Luzifer. Die geleugnete Realität: das zerstörerische Wirken Satans. Symptome – Ursachen – Diagnose – Fallbeispiele. Stein am Rhein 1999.

Thomas Ruster: Die neue Engelreligion. Lichtgestalten – dunkle Mächte. Kevelaer 2010.

Heinrich Schlier: Mächte und Gewalten im Neuen Testament. Quaestiones Disputatae 3. Hrsg. von Karl Rahner und Heinrich Schlier. Freiburg 1958.

Darren Oldrige: The Devil. A Very Short Introduction. Oxford 2012.

P. Frumentius Renner: Im Kampf gegen Magie und Dämonie. Sinzig 1997.

Emma Restall-Orr: The wakeful world: Animism, Mind and the Self in Nature. Alresford 2012.

Emma Restall-Orr: Spirits of the sacred Gove. Alresford 2014.

Annette Di Rocca: Christus oder Satan. Gröbenzell 1960.

Adolf Rodewyk S. J. Dämonische Besessenheit heute. Tatsachen und Deutungen. Aschaffenburg 1966.

Heinrich Schipperges: Die Welt der Engel bei Hildegard von Bingen. Salzburg 1979.

Margot Schmidt: »Zur Bedeutung der geistlichen Sinne bei Hildegard von Bingen«. In: Dies.: Tiefe des Gottwissens – Schönheit der Sprachgestalt bei Hildegard von Bingen. Internationales Symposium in der katholischen Akademie Rhabanus Maurus Wiesbaden-Naurod vom 9. bis 12. September 1994. Stuttgart-Bad Cannstatt 1995, 117-142.

Rainer Schwindt: Der Gesang der Engel. Theologie und Kulturgeschichte des himmlischen Gottesdienstes. Freiburg 2018.

Rupert Sheldrake, Matthew Fox: The Physics of Angels: Exploring the Realm Where Science and Spirit Meet. San Francisco 2014.

Georg Siegmund: Die Teufelsbeschwörung im Brennpunkt weltanschaulichen Kampfes. Leutesdorf 1982.

Peter Stanford: The Devil. A Biography. London 2003.

Peter Stanford: Heaven. A Traveller's Guide to the Undiscovered Country. London 2012.

Peter Stanford: Angels: A visible and Invisible History. London 2019.

Hildegard Strickerschmidt: Das Geheimnis der Engel. Visionen und Meditationen der Hildegard von Bingen. Leipzig o. J.

Jutta Ströter-Bender: Engel. Ihre Stimme, ihr Duft, ihr Gewand und ihr Tanz. Stuttgart 1988.

Barbara Stühlmeyer, Sabine Böhm: Engel – die andere Wirklichkeit. Radeberg 2011.

Irmtraud Tarr Krüger: Schutzengel. Boten aus dem Raum der Seele. Freiburg 1999.

Hildegard Thoma (Hrsg.): Ein Schutzengel für dich. Wissenswertes und Unterhaltsames. Geschichten und Gedichte. Münster 2001.

Doreen Virtue: Angel Therapy. London 1997.

Herbert Vorgrimmler: Wiederkehr der Engel? Ein altes Thema neu durchdacht. Kevelaer 1991.

Alois Winklhofer: Traktat über den Teufel. Frankfurt 1961.

Uwe Wolf: Breit aus die Flügel beide. Von den Engeln des Lebens. Freiburg 1993.

Uwe Wolf: Alle über Engel. Aus dem himmlischen Wörterbuch. Freiburg 2001.

P. Palmatius Zilligen: Mit den Engeln durchs Leben. Gögglingen 1978.

Verlagsbuchhandlung Sabat

Marie Lataste
DIE LEHREN JESU – Die Unterweisungen Jesu zu den Themen des Glaubens und des christlichen Lebens an Marie Lataste
2. Auflage, Hardcover, 576 Seiten
Format 14,8 x 21 cm
ISBN 978-3-943506-50-1

P. Franz Seraph Hattler SJ
MARIE LATASTE
die vielgeliebte Tochter des göttlichen Herzens Jesu
4. Auflage, Hardcover, 252 Seiten
Format 12,5 x 19 cm
ISBN 978-3-943506-49-5

Raymond Leo Kardinal Burke
Die heilige Eucharistie – das Sakrament der göttlichen Liebe
Eine allen Gläubigen zugängliche Theologie der Eucharistie
Vorwort von Robert Kardinal Sarah
ISBN 978-3-943506-90-7
Hardcover, 240 Seiten
Format 13,2 x 21 cm

M. Vincent Bernadot OP
Eucharistie-Büchlein
ISBN 978-3-943506-85-3
Hardcover, 192 Seiten
Format 12,5 x 19 cm

Die liturgischen Psalmen der lateinischen Kirche
lateinisch-deutsch
Textfassung der Vulgata, wörtliche Übersetzung, traditionelle geistliche Deutungen von
P. Rodrigo H. Kahl OP
ISBN 978-3-943506-70-9
Hardcover, 560 Seiten
Format 13,2 x 21 cm

Verlagsbuchhandlung Sabat UG
Blaicher Str. 49 • 95326 Kulmbach
Tel.: 0 92 21 / 4 07 84 16 • Fax: 0 92 21 / 4 07 84 17
E-Mail: info@vb-sabat.de • www.vb-sabat.de

Giovanni Pico della Mirandola
Über die Würde des Menschen

ISBN 978-3-943506-36-5
Hardcover, 164 Seiten
Format 12,5 x 19 cm

Thomas von Kempen
Das Leben Meister Gerhards

ISBN 978-3-943506-35-8
Hardcover, 106 Seiten
Format 12,5 x 19 cm

Hernert Rüssel
Gestalt eines christlichen Humanismus

ISBN 978-3-943506-34-1
Hardcover, 1208 Seiten
Format 12,5 x 19 cm

Msgr. Rudolf Michael Schmitz
**Christus vincit
Elemente einer katholischen Reform**

ISBN 978-3-943506-73-0
Hardcover, 80 Seiten
Format: 10,5 x 14,8 cm

Martin Grabmann
Das Seelenleben des heiligen Thomas von Aquin

ISBN 978-3-943506-82-2
2. Auflage
Hardcover, 160 Seiten
Format 12,5 x 19 cm

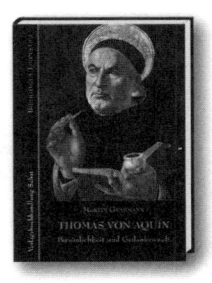

Martin Grabmann
Thomas von Aquin – Persönlichkeit und Gedankenwelt

ISBN 978-3-943506-76-1
3. Auflage, Hardcover, 224 Seiten
Format 14,8 x 21 cm

Verlagsbuchhandlung Sabat

Verlagsbuchhandlung Sabat UG
Blaicher Str. 49 • 95326 Kulmbach
Tel.: 0 92 21 / 4 07 84 16 • Fax: 0 92 21 / 4 07 84 17
E-Mail: info@vb-sabat.de • www.vb-sabat.de

Johannes Metzler
Die Bekenntnisse des heiligen Kirchenlehrers Petrus Canisius SJ und sein Testament

2. Auflage, Hardcover, 176 Seiten
Format: 10,5 x 14,8 cm
ISBN 978-3-943506-54-9

Petrus Canisius
Katholische Marienverehrung und lauteres Christentum

4. Auflage, Hardcover, 288 Seiten
Format 14,8 x 21 cm
ISBN 978-3-943506-59-4

Katechismus des hl. Petrus Canisius in 113 Bildern.

6. Auflage, Hardcover, 144 Seiten
Format 12,5 x 19 cm
ISBN 978-3-943506-23-5

Katechismus des hl. Thomas von Aquin

6. Auflage, Hardcover, 198 Seiten
Format 14,8 x 21 cm
ISBN 978-3-943506-30-3

Abbé M.-B. Couissinier
Bilderkatechismus

2. Auflage, Hardcover, 246 Seiten
Format 12,5 x 19 cm
ISBN 978-3-943506-26-6

Robert Bellarmin
Kleiner Katechismus oder Kurzer Inbegriff der christlichen Lehre. Mit fünfzig Stichen alter Meister

4. Auflage, Hardcover, 128 Seiten
Format 12,5 x 19 cm
ISBN 978-3-943506-29-7

Verlagsbuchhandlung Sabat UG
Blaicher Str. 49 • 95326 Kulmbach
Tel.: 0 92 21 / 4 07 84 16 • Fax: 0 92 21 / 4 07 84 17
E-Mail: info@vb-sabat.de • www.vb-sabat.de

John Henry Newman
Die heilige Maria
Eine Apologie und historische Begründung des Marienkults

3. Auflage, Hardcover, 148 Seiten
Format 12,5 x 19 cm
ISBN 978-3-943506-25-9

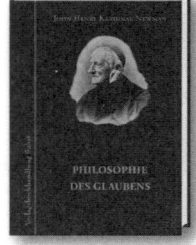

John Henry Newman
Philosophie des Glaubens

2. Auflage, Hardcover, 512 Seiten
Format 16,8 x 23,5 cm
ISBN 978-3-943506-37-2

John Henry Newman
Religiöse Vorträge an Katholiken und Protestanten

Hardcover, 362 Seiten
Format 14,8 x 21 cm
ISBN 978-3-943506-67-9

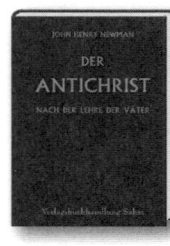

John Henry Newman
Der Antichrist nach der Lehre der Väter

5. Auflage, Hardcover, 176 Seiten
Format 10,5 x 14,8 cm
ISBN 978-3-943506-68-6

John Henry Newman
Sankt Philippus Neri

2. Auflage, Hardcover, 176 Seiten
Format 10,5 x 14,8 cm
ISBN 978-3-943506-58-7

John Henry Newman
Betrachtungen und Fürbitten für den Karfreitag

4. Auflage, Hardcover, 128 Seiten
Format 10,5 x 14,8 cm
ISBN 978-3-943506-53-2

Verlagsbuchhandlung Sabat

Verlagsbuchhandlung Sabat UG
Blaicher Str. 49 • 95326 Kulmbach
Tel.: 0 92 21 / 4 07 84 16 • Fax: 0 92 21 / 4 07 84 17
E-Mail: info@vb-sabat.de • www.vb-sabat.de

Johannes Heinrich Oswald
ANGELOLOGIE – das ist die Lehre von den guten und bösen Engeln im Sinne der katholischen Kirche
Mit einem Anhang »Christlicher Glaube und Dämonenlehre« der Kongregation für die Glaubenslehre

4. Auflage, Hardcover, 208 Seiten
Format 14,8 x 21 cm
ISBN 978-3-943506-32-7

Dr. Gabriele Waste
Katholische Engellehre
Fundamente – Entfaltung – Dogma

2. Auflage, Hardcover, 112 Seiten
Format 10,5 x 14,8 cm
ISBN 978-3-943506-79-2

René von Maumigny
Das betrachtende Gebet. Unterweisungen über die verschiedenen Arten der Betrachtung

Hardcover, 264 Seiten
Format 12,5 x 19 cm
ISBN 978-3-943506-64-8

Der kleine Tarzisius
Illustriertes Messbuch für Kinder ab 4 Jahren für die außerordentliche Form des römischen Ritus

2. Auflage, Hardcover, 88 Seiten
Format 12 x 16 cm
ISBN 978-3-943506-71-6

Wilhelm Pichler
Katholisches Religionsbüchlein

Mit 88 farbigen Illustrationen von Philipp Schumacher
4. Auflage, Hardcover, 224 Seiten
Format: 14,8 x 21 cm
ISBN 978-3-943506-57-0

Verlagsbuchhandlung Sabat UG
Blaicher Str. 49 • 95326 Kulmbach
Tel.: 0 92 21 / 4 07 84 16 • Fax: 0 92 21 / 4 07 84 17
E-Mail: info@vb-sabat.de • www.vb-sabat.de